中华人文精神读本 珍藏版

入选新闻出版总局向全国青少年推荐的百种优秀图书

入选中宣部、教育部、团中央联合向青少年
推荐的百种优秀图书

入选教育部基础教育课程教材发展中心
中小学图书馆推荐书目

入选中宣部、农业农村部"农民喜爱的百种图书"

入选上海市中小学、幼儿园图书馆（室）图书配置推荐目录

中文繁体字版权输出香港地区

外国人汉语教育选用教材

本书由北京人民广播电台"悦库时光"播讲
扫描下方二维码可收听音频

撰稿人

周雁翎　周志刚　刘军
郭莉　韩文君

中华人文精神读本

珍藏版

汤一介 主编

下

北京大学出版社
PEKING UNIVERSITY PRESS

图书在版编目（CIP）数据

中华人文精神读本：珍藏版.下/汤一介主编.—北京：北京大学出版社，2019.6

ISBN 978-7-301-30513-3

Ⅰ.①中… Ⅱ.①汤… Ⅲ.①中华文化—通俗读物 Ⅳ.①K203-49

中国版本图书馆CIP数据核字（2019）第091493号

书　　　名	中华人文精神读本（珍藏版）下
	ZHONGHUA RENWEN JINGSHEN DUBEN（ZHENCANG BAN）XIA
著作责任者	汤一介　主编
策划编辑	周雁翎
责任编辑	王　彤
标准书号	ISBN 978-7-301-30513-3
出版发行	北京大学出版社
地　　　址	北京市海淀区成府路205号　100871
网　　　址	http://www.pup.cn　　新浪微博：@北京大学出版社
微信公众号	科学与艺术之声（微信号：sartspku）
电子信箱	zyl@pup.pku.edu.cn
电　　　话	邮购部 010-62752015　发行部 010-62750672
	编辑部 010-62750539
印 刷 者	涿州市星河印刷有限公司
经 销 者	新华书店
	787毫米×1092毫米　32开本　7印张　90千字
	2019年6月第1版　2021年4月第3次印刷
定　　　价	38.00元

未经许可，不得以任何方式复制或抄袭本书之部分或全部内容。
版权所有，侵权必究
举报电话：010-62752024　电子信箱：fd@pup.pku.edu.cn
图书如有印装质量问题，请与出版部联系，电话：010-62756370

代序

"观乎人文,以化成天下"

汤一介(北京大学教授)

中国传统中,对人文精神和人文教育特别重视。我国古老的经典《周易》说:"观乎人文,以化成天下。"(《贲·彖辞》)意思是说,观察人类文明的进展,就能用人文精神来教化天下。可见我们的老祖宗已经非常重视用人文精神来进行教化了。所谓人文教化,就是用人文精神教化人。那么,人文精神从何而来?照《周易》看,它是在人类历史文化的发展过程中逐渐积累起来的。在我国历史发展中积累了许多用人文精神对人们进行教化的宝贵经验,这些无疑是我们宝贵的财富,应当受到珍视。例如我国伟大的思想家、教育家孔子所说:"德之不修,学之不讲,闻义不能徙,不善不能改,是吾忧也。"不修养德性,不讲究学习,听到符合道义的话而不能跟着做,有了过错而不知、不改过,这些都是孔子所忧虑的。孔子这段话可以说是对我国古代人文教化的很好的总结。我们这个民族的人文精神是什么?我想就是孔子说的要讲道德、讲学问,要使自己的行为符合道义,要勇于改正自己的错误。一句话:受教育,学知识,首先要学会"做人"。

在当今科学技术高度发展的情况下,我们必须注意到,科学技术虽然可以造福人类社会,但也可能严重地危害人类社会。今天,我们可以看到,有些科技的利用(甚至它们的发展)并不都能造福人类,例如克隆"人"的问题,生化武器用于战争,等等。那么,我们应如何引导科技的发展呢?这应该是非常重要的问题。同时,我们还可以看到,由于金钱和不正当权利的诱惑,当前存在着严重的不顾"道义"的乱状,用非常不道德、损人利己的手段"争权夺利",致使人们失去了理想,丧失了良心,使人类社会成为无序的、混乱不堪的社会。我想,当前我们必须用人文精神来引导人们的思想和行为。那么,什么是人文精神?这可能是个

"仁者见仁，智者见智"的问题。从我国历史来看，孔子的"仁学"也许可以说是一种人文精神的代表。他的"仁学"当然是包含了上面所说的"修德""讲学""徙义""改过"等。但我想，最根本的是要有一种"爱人"的精神。

那么，我们从何处去了解、体会孔子的"爱人"的人文精神呢？我认为，最好的办法是读《论语》。《论语》不仅记载了孔子的言论（他的思想），而且可以从中看到他的为人行事。这里我只想说一点我对孔子"爱人"的人文精神的体会。《论语》记载，樊迟问"仁"，孔子回答说："爱人。"这种"爱人"的思想从何而来？在《中庸》里有孔子的一句话："仁者，人也，亲亲为大。""仁爱"的精神是人自身所具有的，而爱自己的亲人是出发点，是基础。但"仁"的"爱人"精神不能停止于只爱自己的亲人，郭店楚简中说："亲而笃之，爱也；爱父，其继爱人，仁也。"笃实地（实实在在地）爱自己的父亲，这只是爱；扩大到爱别人，这才叫"仁"。又说："孝之施，爱天下之民。"对父母的孝心要放大到爱天下的百姓，才叫"仁"。这就是说，孔子儒家的"仁学"，必须要由"亲亲"（爱自己的亲人）扩大到"仁民"（对百姓有"仁爱"之心）。也就是说，做什么都要"推己及人"，要做到"老吾老以及人之老，幼吾幼以及人之幼"，才叫"仁"。做到"推己及人"并不容易，必须把"己所不欲，勿施于人""己欲立而立人，己欲达而达人"作为"为仁"的准则。如果要把"仁爱"精神推广到整个社会，这就是孔子说的"克己复礼为仁。一日克己复礼，天下归仁焉。为仁由己，而由人乎哉？"有的学者把"克己"与"复礼"解释为平行的两个方面，我认为这不是好的解释。所谓"克己复礼为仁"，是说只有在"克己"（克制自己的私欲）基础上的"复礼"才叫"仁"。

费孝通先生对此有一解释，我认为很有意义，他说："克己才能复礼，复礼是进入社会，成为一个社会人的必要条件。扬己和克己也许是东西文化差异的一个关键。""仁"是人自身内在具有的品德，"礼"是规范人们的社会行为的外在的礼仪制度，它是为了调节社会中的人与人之间的关系，使之和谐相处，"礼之用，和为贵"。要人们遵守礼仪制度，必须出乎人的自觉的"仁爱"之心（内在的真诚的"爱人"之心），这才符合"仁"的要求，所以孔子说："为仁由己，而由人乎哉？"对"仁"与"礼"的关系，孔子有非常明确的说法："人而不仁，如礼何？人而不仁，如乐何？"没有"仁爱"之心，"制礼作乐"只是一种形式，甚至可以是为了骗人的，它是虚伪的。所以，孔子认为，有了出自真诚的"仁爱"之心，并把它按照一定的规范实现于日常社会生活之中，这样社会就会和谐安宁了，"一日克己复礼，天下归仁焉"。如果我们把《论语》中这种"仁爱"精神，结合现实存在的问题，结合学生的思想状况，通过阅读文化典籍，使之了解中国文化精神，而且要对孔子儒家思想"仁爱"的内在精神产生一种感情上的共鸣，诵读一些古典名著的名篇、名句非常必要，最好能背诵。诵读可以起到"以情化理"的作用，使之成为日常生活的准则，这将是一生受用不尽的。费孝通先生提出"文化自觉"的问题。这就是说我们应该对自身文化的来历、形成的过程以及其特点（包括优点和缺点）和发展的趋势等能做出认真的思考和反省,我认为这非常重要。而"文化自觉"也许最主要的就是通过阅读或诵读文化经典才能得到。例如我上面举的孔子"仁学"的例子,我们必须读孔子的《论语》以及其他一些儒家典籍才能得到"仁学"的真精神。我想,阅读我们的文化经典以提高我们的人文素养,决不能把它和阅读其他民族和国家的重要经典分割开来。我们知道,今天的中国已不是古代的中国。今天的中国是在经济全球化、科技一体化、信息网络的世界大环境之中,世界已经连成一片,像是一个地球村。因此,我们也不能不了解其他民族和国家的文化,而且对我们自身文化精神的了解也离不开对其他民族和国家文化的了解,"不识庐山真面目,只缘身在此山中"。如果我们能从"他者"的角度来看我们的文化,一方面,可以加深我们对自身文化的理解,而更加珍视我们自己的文化传统;另一方面,也可以在比较中发现我们自身文化的不足,使我们能够自觉地吸收其他民族的文化,以滋养我们自身的文化。因此,在提倡诵读我们自己的文化经典的同时,也应该引导青年学生诵读一点其他民族文化的经典。我们可不可以让学生读一点柏拉图的著作，例如柏拉图《理想国》的片段？柏拉图认为："善的生活里表现出来的特性是：（1）适度；（2）均衡，美，完整；（3）理性与智慧，亦即真理；（4）知识，技术，正确的判断；（5）不伴有痛苦的纯粹快乐，以及适宜的食欲满足感。"这样的思想可能对我们有启发。我们也可以读一点《圣经》，例如耶稣的"登山训诫"（见《马太福音》第五章）。当然还可以选读其他一些西方经典片段，也可以选读一些印度经典（如《奥义书》和佛典）和伊斯兰教《古兰经》的片段等。有些经典最好读英译本，这样可以帮助我们更好地掌握一门外语。我们应让我们的青年学生眼界开阔一点，用一句套话就是"胸怀祖国，放眼世界"。祖国的繁荣富强要靠青年人的智慧眼光，世界的前途也要靠青年人的智慧眼光。而这些都要求我们的青年学生有"文化自觉"，而"文化自觉"一定要通过对文化经典的掌握，才能有良好的人文素质。这应是我们做老师的对他们进行人文教育的不可推卸的责任。

目录

第一单元 仰观俯察 中国古人对天地的思考

- 中国古代的天文台 ········· 004
- 宇和宙 ········· 006
  - 天是什么
- 天地之大德曰生 ········· 009
  - 天地怎样生育万物
- 变通之道 ········· 013
  - 万物生生不息
- 天地之化莫不有常 ········· 017
  - 天地变化有规律
- 仰观俯察 ········· 020
  - 栖居在美丽的天地之间

第二单元 万物之灵 中国古人对人的认识

- 中国古代的历法 ········· 026
- 人最为天下贵 ········· 028
  - 人是万物之灵

天地人相为手足 ························· 031
　　天地如画，人点睛
与天地合其德 ··························· 034
　　顺应自然，成人之美
天行健 ································· 038
　　司马光自强不息

第三单元　天人之际 中国古人对天人关系的探讨

📎 八　卦 ······························· 044
天地不仁 ······························· 046
　　无为的智慧
万物与我为一 ··························· 049
　　人能知道鱼的快乐吗
天人相类 ······························· 053
　　天与人能互相感应吗
制天命而用之 ··························· 057
　　遵循自然规律创造奇迹

天与人交相胜 ·················· 061
　　人与自然共生共存

第四单元　和谐自然　中国古人的生态观

　古人的农业生产观 ·················· 066
不违农时 ·················· 068
　　打春牛，打出五谷丰登
竭泽而渔 ·················· 072
　　网下留情，请给鱼一条生路
牛山之木 ·················· 075
　　古人是怎样植树造林的
揠苗助长 ·················· 079
　　郭橐驼种树

第五单元　抚今追昔　中国古人的历史感怀

　咏史诗 ·················· 084

登幽州台歌 ·················· 086
　陈子昂千年一叹
蜀　相 ·················· 089
　杜甫乱世思贤才
乌江绝句 ·················· 093
　李清照诗讽偏安
于易水送人 ·················· 097
　骆宾王缅怀壮士

第六单元　**盛德日新**　中国古人的进取精神

🔗 商鞅变法 ·················· 102

旧邦新命 ·················· 104
　不断创新建周朝

盛德日新 ·················· 108
　林则徐改诗

日新又新 ·················· 111
　文彦博的红豆与黑豆

不法常可·· **114**
　　赵武灵王胡服骑射
新德新知·· **117**
　　张载自新

第七单元　格物致知　中国古代的发明与发现

🗟 四大发明·· **122**
候风地动仪······································ **124**
　　科学家张衡
麻沸散·· **129**
　　世界上最早的麻醉剂
圆周率·· **133**
　　祖冲之的成就
造纸术·· **137**
　　纸的改进
指南针·· **141**
　　从指南车到指南针

第八单元 天人同庆 中国古代的节日文化

为什么要过节 ·············· 146

元　日 ·············· 148
　　辞旧迎新的春节

正月十五夜 ·············· 151
　　憧憬光明的元宵节

苏堤清明即事 ·············· 155
　　饮水思源的清明

端　午 ·············· 160
　　端午思屈原，重温爱民情

八月十五夜 ·············· 163
　　希冀圆满丰收的中秋

九月九日忆山东兄弟 ·············· 167
　　祈求健康长寿的重阳

第九单元 师法自然 中国古代艺术的自然神韵

艺术宝库莫高窟 ·············· 174

张旭善草书·················176
　"书"源造化

别构灵奇·················180
　"画"夺天工

饮　酒··················184
　"诗"法自然

伯牙学琴·················189
　"乐"追天籁

虽由人作，宛自天开···········192
　"园"尚天开

第一单元

仰观俯察

中国古人对天地的思考

- 宇和宙
- 天地之大德曰生
- 变通之道
- 天地之化莫不有常
- 仰观俯察

中国古代的天文台

我国古人非常重视天象观测,每个朝代都要设立观测天象的机构,并且建造相应的设施,这就是观象台。

早在夏朝,统治者就开始修建观象台了,那时候叫"清台",商代叫"神台",周代叫"灵台"。历代的帝王都认为自己是"天子",是秉承上天的意志的,只有他们才有权知道天象昭示的吉凶。所以他们禁止地方官员和私人设置观象台。

位于北京的古观象台

现存最早的观象台遗址在今天的河南省偃师县，建于东汉中元元年（56）。最兴盛的时候，全台共有四十二名工作人员，负责星象、日月、风雨等各种天文气候现象的观测，已经有了一套非常完整的制度。汉代以后，观象台规模和人员编制更为庞大，管理和组织制度更加完备，成为天文观测和历法编制的重要场所。

唐代在长安、杭州、开封等地都设有观象台，仅长安就有三座观象台同时工作，宋代在开封有四座观象台。这段时期，天文仪器的制造也有了非常大的进步，水运仪象台、可以活动的浑仪在这个时期纷纷出现。

元朝统治者在全国建了二十多座观星台，其中河南登封的一座至今保存完好，已有七百多年的历史。这座观星台高十余米，构造精巧，气魄宏伟，观测到的数据非常精确，是当时西方的天文台所无法比拟的。

明朝正统年间在今北京朝阳区建造的观象台，是现存规模最大、仪器最完备的古代天文台。台上八件大型天文仪器，是结合了中国传统天文知识和欧洲近代天文学理论建造的，是中西文化交流的见证。

宇和宙

天地四方曰宇①,往古来今曰宙②。

《尸子》

注解

① 宇:原义是屋檐,后来引申为天地之间的广阔空间。
② 宙:原义是房屋的正梁,后来引申为久远的时间。

宇宙中的天体

听老师讲

天是什么

这句话出自《尸子》。《尸子》传说是战国时期的学者尸佼所著。这句话的意思是说,宇宙是空间和时间的总称,上下四方广阔的空间叫作宇,古往今来辽远的时间叫作宙。现代科学的宇宙概念基本上也是这样的。两千多年前的我国古代学者能有这样的认识,是非常了不起的。

几千年来,我国无数的学者都努力探究宇宙的奥妙。早在战国时期,大诗人屈原就写了一首著名的诗《天问》,一口气提出了一百多个关于天道的问题。屈原在《天问》中说:"遂古之初,谁传道之?上下未形,何由考之?冥昭瞢暗,谁能极之?""圜则九重,孰营度之?"

用现代汉语来说就是:请问最远古的时候,是谁将它传述下来?天地混沌尚未分开,根据什么办法去考察它?昼夜不分昏暗迷蒙,谁能清楚地认识它?高高的天宇有九重之多,是谁把它建造得如此神奇?……

最初,古人认为天地就是一个上面有盖、下面有底的大空间。我国最古老的数学著作《周髀算经》说："天象盖笠，地法覆盘。"意思是，天像斗笠一样盖在上面，中间高，四周低；地像翻过来的盘子一样，也是中间高，四周低。还有人把天比作伞盖、帐篷顶，这种说法叫"盖天说"，是人们对宇宙最古老的认识。

"盖天说"的提法，人们相信了很多年，可是后来人们经过细致观察，发现很多天文现象用"盖天说"都解释不了，于是又有人提出了一种说法，叫"浑天说"。

"浑天说"认为天地都是球形的，天像蛋壳一样包在外面，地像蛋黄一样悬在里面，日月星辰都镶嵌在天球上，天球不停地旋转，所以站在地球上就可以看到日月星辰的各种变化。

"浑天说"可以解释日出日落、月缺月圆，以及日食月食、行星运行等现象，所以从汉朝开始一直到明朝，人们一直对"浑天说"深信不疑。直到西方哥白尼、伽利略等人开创的近代天文学传入中国，"浑天说"才开始瓦解。

天地之大德曰生

"天地之大德①曰生。""天地绐缊②,万物化醇③。""生之谓性④。"万物之生意⑤最可观,此元⑥者善之长也,斯所谓仁也。人与天地一物也,而人特自小之,何耶?

程颢《明道先生语一》

注解

① 德:这里特指天地化育万物的能力。
② 绐缊:同"氤氲"(yīn yūn),古代指天地阴阳二气交互作用的状态。
③ 化醇:变化而精醇。
④ 生之谓性:这是战国时期学者告子的话,意思是天生的就叫天性。
⑤ 生意:生机,生命力。
⑥ 元:初始,本源。"元者善之长也"是《周易》里的话。

听老师讲

天地怎样生育万物

这是宋朝学者程颢的话,意思是:"天地最大的功能就是生育。""阴阳交融,万物变化。""天生的就叫天性。"万物的生命力是最可观的,这就是《周易》所说"万物化生的本源就是最大的善"的意思,同时,这也就是所谓的仁。人和天地本来是同一的,可是为什么人们总是看轻自己呢?

宋朝还有个大学者叫周敦颐,他的窗前长满了绿草,家人要除掉,周敦颐不让,说:"草也有生命,

周敦颐

草的生命和我自己的生命是一样的，为什么要除掉呢？而且从绿草上我可以看到天地间的生命力啊。"生生不息，就是天地最大的特点。

天地是怎样生育万物的呢？古人认为，天地之间充满了阴阳两种气，阴阳交合，万物就从中化生了。杜甫在一首诗中写道："刺绣五纹添弱线，吹葭六管动飞灰。"这里记录了一个古老的民俗。原来，冬天阴气最盛，过了冬至，阳气开始兴盛，万物开始生长，春天就要来临。古人拿一根律管，里面填上草灰，据说到了冬至的这一时刻，天地间产生的阳气就会"砰"的一声，将草灰吹得四处飞散，人们就高兴地互相转告：春天就要来了。

《礼记·乐记》详细描述了生命的产生过程："地气上齐，天气下降，阴阳相摩，天地相荡，鼓之以雷霆，奋之以风雨，动之以四时，暖之以日月，而百化兴焉。"意思是说，地气上升，天气下降，阴阳二气相互摩擦，又受到雷霆的激荡，风雨的吹拂润泽，春夏秋冬不同时令的滋养，日月的温暖，于是万物就诞生了。

神奇的是，这段话和现代科学探究到的生命起源的原理有着异曲同工之妙。1953年,美国芝加哥大学的米勒做了一个试验,在玻璃容器里装入甲烷、氨等气体(阴阳之气),然后模拟闪电、雷击、降雨、温度变化等过程(雷霆、风雨、四时、日月),过了七天,构成生命的基本原料——氨基酸产生了。米勒认为,他模拟的是地球的原始环境,最初的生命就是在这样的环境里产生的。这个结论已经得到世人的公认。

我们不能不叹服我国古人的智慧,他们没有先进的科学仪器和精密的研究方法,但他们通过认真观察和细心体悟,得出的结论竟和现代科学相仿。这恰恰说明,我国古代的学者热爱自然,热爱生命,用心灵去贴近天地的"生生之德",把人类和自然融洽地结合到一起。

变通之道

易①穷②则变,变则通,通则久。

《周易·系辞下》

注解

① 易:变化,这里指变化的道理。
② 穷:和"通"相对,阻塞不通。

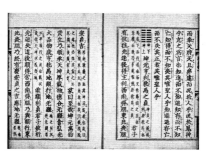

《周易》被称为群经之首。

|听老师讲|

万物生生不息

这是《周易》里的一句名言,意思是说:"易"的学问,走到尽头就要发生变化,发生了变化就会畅通,畅通之后变化才能经久不息。

这深刻的道理是古人认真观察大自然之后得出的结论。宇宙中最普遍的事情就是变化,"易穷则变"的"易",就是变化的意思。关于"易"的学问,古人写成了一部书,名字就叫"易",或者叫"周易",也叫"易经"。《周易》告诉人们:阴至阳生,阳至阴生,盛极则衰,否极泰来,穷则思变。《周易》讲述的是最普遍、最简洁的哲理,古人收藏图书,都把《周易》和与《周易》有关的著作放在第一位,因此《周易》号称群经之首。

古人经常说"日中则昃,月满则亏",意思是说,太阳到了正当顶的时候就要下降,月亮到了最圆的时候就要亏缺,然后再升起,复圆,周而复始。严寒的冬天,冰封地冻,可是嫩草却悄悄从土缝里发出新叶,昭示着春天即将到来。同样，夏天到了最热的时候，植物茂盛到了极点，却昭示着寒秋就要来临，草木即将凋零。只有春去秋来这样不断地变化，万物才能顺利生长。

那么，怎样才能通晓变化之道呢？《周易·系辞》告诉了我们具体的方法："法象莫大乎天地，变通莫大乎四时。"意思是说，自然界中，一切现象没有比天地更宏伟的了，一切变化没有比四季的更替更巨大的了。古人善于通过观察自然领悟人生的道理，所以，中国人一方面强调在逆境中不放弃，而是以乐观的心态迎接转机；另一方面，在一切顺利的大好形势下，不忘记潜在的危险。宋代大诗人苏东坡在朝廷里受到排挤，一生被贬无数次，先被贬到黄州，后来又被贬到海南岛。当时海南岛还是蛮荒之地，苏东坡也是六十多岁的老人了，可是他并不气馁，而是恬淡地对待每一天的生活。他在海南岛自己种地，自己制墨，还和当地的黎族同胞交了朋友，开开心心地活着。后来，新君即位，那些当权者死的死，走的走，苏东坡又被重新起用，调回中原。临走的时候，苏东坡写道："九死南荒吾不恨，兹游奇绝冠平生。"表达了他对这段艰难经历的从容淡定。苏东坡的人生智慧是变通之道应用的最佳范例之一。

苏　轼

天地之化莫不有常

天地之化,虽廓然①无穷,然而阴阳之度②、日月寒暑昼夜之变,莫不有常③,此道之所以为中庸④。

程颐《伊川先生语一》

注解

① 廓然:广大的样子。
② 度:法度,规范。
③ 常:规律,通例。
④ 中庸:中是不偏不倚,庸是永恒不变。

程　颐

听老师讲

天地变化有规律

这句话是宋朝的大学者程颐说的，意思是说：天地的变化，虽然无穷无尽，但是阴阳的法度，日月、寒暑、昼夜的变化，都有固定的规律，这就是天道保持正确而永恒的原因。

据说古代杞国有一个人整天担心天会塌下来，地会陷下去，自己没有地方容身，因此愁得睡不着觉，吃不下饭。有个人就去开导他说："天不过是很厚很厚的空气积聚在一起罢了，你一举一动，一呼一吸，从早到晚都生活在天的中间，怎么会担心天塌下来呢？"杞人听了，又问："如果地陷下去怎么办呢？"那人回答说："大地是土块积聚而成的，无处不有，你整天在它上面生活，怎么担心它会塌陷呢？"杞人听了这才开心起来，不再整日忧心忡忡。

天不会无缘无故崩塌，地也不会无缘无故陷落，因为天地万物都有自己的运行规律，我们的古人很早就开始想办法认识它们了。四千多年前的夏朝，曾经发生了一次日食。这下可了不得了，日食的时候人们敲锣打鼓，大喊大叫，老百姓乱奔乱跑，以为大灾难就要降临了。可是到了汉朝，天文学家对日食和月食的预测就已经相当精确了，唐朝的天文学家一行和尚通过推算日食检验历法精准与否，发生日食和月食早已不是什么了不得的事情了。

古代每个朝代的帝王都要任命专职官员观测天象。帝王希望从天象变化中看出国家兴衰的征兆，可是学者们希望从中了解世界上最永恒的哲理，这就是所谓中庸之道。中庸并不是我们通常理解的平庸或者庸俗的意思。古代儿童启蒙读物《三字经》用"中不偏，庸不易"解释中庸。意思是说，不偏不斜，正道而行，就是所谓的"中"；永远按照规律运行不变，就是所谓的"庸"。中庸是贯穿于宇宙之中最根本的规律，不管万事万物怎样变化，中庸之道是永远不变的。

仰观俯察

是日也，天朗气清，惠风①和畅，仰观宇宙之大，俯察品类②之盛。

王羲之《兰亭集序》

注解

① 惠风：和风。
② 品类：指万物。

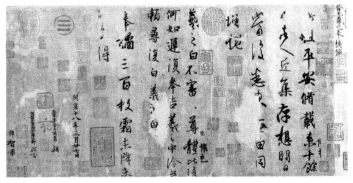

王羲之书法

|听老师讲|

栖居在美丽的天地之间

这是王羲之《兰亭集序》里的一段话。原来，按古代的风俗，到了每年三月的上巳（sì）日（三月三日前后），人们要出门到水边洗浴、游玩，据说这样可以去除不祥，一年都会交好运。这种活动叫"修禊"（xì）。永和九年（353）三月，王羲之和许多朋友到会稽山阴的兰亭修禊，大家面对着好山好水，喝酒作诗，玩得很开心。王羲之当场写了一篇文章纪念这件事情，这就是著名的文学作品和书法作品《兰亭集序》。这句话的意思是说：今天，天空明朗，空气清新，春风和煦，令人舒畅，仰头观察宇宙的宏伟壮丽，低头审视万物的丰富多样。

天地万物在不同学者心目中有不同的地位。汉代史学家司马迁说过："究天人之际，通古今之变，成一家之言。"司马迁精于天文地理，但是他研究的目的是要弄清楚天与人之间的关系，在学术上有所建树。而王羲之仰观宇宙，俯察万物，却是从生命的角度去体验日月星辰、山川河流、草木鸟兽的美好。

大自然能陶冶人的性情。李白说："一生好入名山游。"他"登高壮观天地间"，看到"大江茫茫去不还"，心中豪情万丈。曹操"东临碣石，以观沧海"，他看到了广阔的大海，"日月之行，若出其中；星汉灿烂，若出其里"。天地广阔，日月光辉，山川雄壮，花木芬芳，这些都让人心旷神怡，打心底里热爱这个自然世界。而我国传统思想又认为，天地与人是一体的。热爱自然，就会热爱自己，从而热爱身边的人和整个社会。

仰观和俯察，光局限在一个地方是不行的。古代的很多年轻人往往一面读书学习，一面到全国各地去游历，在游览中增长学问和见识。李白二十四岁的时候就"仗剑去国，辞亲远游"，徐霞客二十二岁的时候，他的母亲给他缝了一顶"远游冠"，鼓励他走遍全国各地。

由于有了这种仰观俯察的欣赏意识，中国古代的很多学者，不管家庭是贫是富，官位是高是低，内心深处都保持着安静、舒缓的状态,栖居在美丽的天地之间,与天地万物为一体,体验自然之美,感受造化之奇。

游山观水,感受自然之美。

第二单元

万物之灵
中国古人对人的认识

- ◎ 人最为天下贵
- ◎ 天地人相为手足
- ◎ 与天地合其德
- ◎ 天行健

中国古代的历法

一年四季有寒暑变化,人们需要在特定的时节播种、收割、打猎、建造房屋,所以世界上各个民族都十分重视历法。人们根据天文现象确定历法,以便指导农业生产和日常生活。

我国是历史悠久的文明古国,人们对历法的研究起源非常早。最早的历法应该在原始社会就产生了,因为早在夏代,我国就已经有了非常完备的历法了。夏代的历法已经把一年分为12个月,一年当中,用几个特定的星座来标志季节,用甲乙丙丁等十天干记录年月日的计时方法也已经出现了。

《夏小正》是我国现存最早的星象物候历。成文的历法是周末到汉初的《古四分历》,这个历法已经非常精确了。西汉时期又出现了《太初历》,这是第一部流传下来的成文历法。南北朝时期的祖冲之在精密测算的基础上创制了《大明历》,成为当时最精确的历法。此后,唐朝一行和尚创制了《大衍历》,南宋杨忠辅制定了《统天历》。《统天历》测算的回归年长为365.2425日,这一精确数值领先世界三百多年。元朝还出现了郭守敬的《授时历》。

现在我们使用的阴历,又称夏历、农历,来源于清朝乾隆年间颁布的《时宪历》,它和以前的历书是一脉相承的。阴历是俗称,实际应称作阴阳合历,也就是综合考虑太阳和月亮的情况来确定月份。平年12个月,大月30天,小月29天,全年354天或355天。每19年里设置7个闰月,有闰月的年份全年383天或384天。又把一年分成24个节气,便于农业耕作。纪年采用天干地支搭配,60年周而复始。

元代观星台

人最为天下贵

水火有气①而无生②,草木有生而无知③,禽兽有知而无义,人有气有生有知亦且有义,故最为天下贵也。

《荀子·王制》

注解

① 气:我国古代一些思想家把气当作原始物质,认为万物都由气构成。
② 生:生命。
③ 知:知觉。

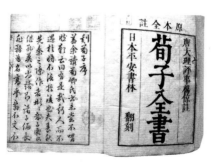

《荀子》书影

| 听老师讲

人是万物之灵

这段话是战国时期的思想家荀子说的，大意是：水火是物质的，但是没有生命；草木虽有生命，但没有知觉；禽兽有知觉，却不懂得道义；人不但有物质，有生命，有知觉，更有道义，所以是天底下最宝贵的。

是物质的，有生命，有知觉，这是一个人活着的基本要求，但是只有这些还不够称得上是完整的人，义才是将人与其他生物区别开来的本质的东西。

义是道义，或者说是基本的人性。孟子说，看到一个小孩子快要掉进井里去了，人们都会为他担心，因为人都有基本的恻隐之心，也就是同情心。没有恻隐之心、辨别美丑的羞恶之心、判断对错的是非之心、谦逊有礼的辞让之心，那就称不上是一个人了。

人争取到至高无上的地位，可不是一朝一夕的事情，而是经历了一个漫长的过程。在上古时期，人们传颂爱戴的是这样几个人：第一个时期是教人们种植五谷的神农氏，建造房屋的有巢氏，钻木取火的燧人氏；第二个时期是发明了衣服、舟车、冶炼术的黄帝,发明了文字的仓颉;第三个时期就是制定礼仪制度的周公,传播文化知识、传承文化典籍的孔子。上古时期的传说当然有夸大的成分,但是人们认为,正是这些人创造的这些事物:食物、房屋、火种、衣服、舟车、文字、礼仪、书籍……使人们摆脱了蒙昧的状态,先是不再为生存担心,然后不再为生活烦忧,最后不再为无知困扰,一步步与低等生物告别,向文明进化。现在人们有先进的生产工具,过着衣食无忧的生活,并且可以读书识字,社会和谐有序,这些都是人类作为万物之灵的表现。

古人说:"道大,天大,地大,人亦大。"人与天地大道相提并论,而不是匍匐在它们脚下,这是多么平等、伟岸、自豪的博大胸怀!

天地人相为手足

天地人,万物之本也。天生之,地养之,人成①之。天生之以孝悌②,地养之以衣食,人成之以礼乐。三者相为手足,合以成体,不可一无也。

董仲舒《春秋繁露·立元神》

注解
① 成:这里是使完备、使整齐的意思。
② 孝悌(tì):孝顺父母,敬爱兄长。

董仲舒

听老师讲

天地如画，人点睛

这句话出自董仲舒的《春秋繁露》，大意是说：人与天地同为万物之本，天产生万物，地养育万物，人使万物完备规范。万物，是天用孝悌之道来创造的，是地用衣食来养育的，是人用礼乐制度来完备的。天地人三者互为补充，合成一个整体，哪个都不能缺少。

天地人古代合称"三才"，"才"就是"材"，意思是构成世界的三种基本材料，各有各的作用。

《诗经·周颂·天作》是周朝人祭祀本族发祥地岐山时唱的歌，内容是歌颂周朝的祖先在岐山创业的事情，诗的大意是：天生岐山冈啊，巍峨又雄壮。太王来经营啊，土地宽更广。上天生万物啊，文王定周邦。……这首诗既歌颂了造就山川的上天，养育万物的土地，也歌颂了辛劳创业的先王。三才齐备，周朝就兴盛了。

现在号称天府之国的四川，又叫蜀地，物产丰富，地理位置优越，在先秦时期却是一个荒凉的地方，境内的岷江还经常发大水，闹得老百姓活不下去。第一个来治理蜀地的是秦国派来的郡守李冰。李冰一来，就在成都附近修了一个著名的水利工程都江堰，于是岷江被治理得服服帖帖，成都平原变成了千里良田。

农业虽然发展起来了，可蜀地当时位于边疆，文化十分落后，老百姓希望孩子能多读书，多学文化。汉景帝时，文翁做了蜀郡太守，他从手下中选派比较聪明的人到京城拜师学习，回来就让他们做官。文翁还在成都修建学宫，招收青少年入学读书，这就是著名的"文翁石室"。从此蜀地文化振兴起来，很多人都来成都求学，全国各地纷纷仿效文翁建起了学校。后来蜀地出了司马相如、李白、苏轼等许多大文豪，不能不说是文翁开的好头。

天地人作用不同，密切配合才能相得益彰。在天时地利的基础上，人把万事万物整理规范起来，规划城市，治理河道，兴办教育，使世界变得井井有条，使世界更好地为人所用，为人所享。

与天地合其德

夫大人①者,与天地合其德②,与日月合其明,与四时合其序,与鬼神合其吉凶,先天而天弗违,后天而奉天时。天且弗违,而况于人乎?

《周易·乾·文言》

注解
① 大人:《周易》所认为的至高无上、通晓宇宙规律的人。
② 德:这里指功能。

伏羲作八卦

|听老师讲|

顺应自然，成人之美

这段文字的大意是：伟大的人，其为人处世，与天地的功德、日月的光明、四季变化的节律、鬼神的吉凶相契合。他首先推测自然的动向而行动，那么天就不违背他，要是预料不到，就顺应天时行事。天尚且不违背他，更何况普通人呢？

这里的"大人"，实际就是理想中人类的状态。我国的传统智慧讲究天人合一，崇尚利用天时地利等自然因素达到人的目的。

古人在生活中充分利用了天的作用。在指南针发明之前，中国的水手是靠星星来导航的，他们使用一种叫"牵星板"的简单仪器，确定星座的位置，判定自己的方向。早在汉代，人们就发现北起日本海、南至南海的风有规律地到来和结束，这种按季节有规律变化的风叫作"信风"。唐代的义净和尚要到室利佛逝国（今苏门答腊）游学，他就先到广州，等待十一月吹向南方的信风一起，立刻乘船，只用了二十天就到了目的地。等他回来的时候，又等夏秋之交，利用从西南吹来的信风回归。

大自然的力量是无穷无尽的，但是我们的祖先从来不愿一味匍匐在大自然脚下，而是力求行动与大自然的趋势相一致，利用大自然，这就是所谓"先天而天弗违，后天而奉天时"。

水　车

讲了利用天的故事，我们再讲一个利用地的故事。宋朝大中祥符年间，皇宫被一场大火烧掉了。宋真宗叫丁谓负责重建宫殿，可是建宫殿需要用很多土，出城去运太远了。丁谓看到不远处的汴河，就想出了个好办法。他先叫人把当街的大道挖开取土，然后把汴河的水引到挖开的深沟里，于是各种建筑材料就能用船运到皇宫了。等皇宫修好了，剩下很多砖瓦土石，丁谓又叫人把这些垃圾填在深沟里，于是深沟又变成平坦的大道了。这一算下来，一举三得，给朝廷省了好几个亿的工钱。

中国人的智慧远不止这些。我们古代的建筑，要和环境相协调，让人看了赏心悦目；中国的饮食，要和季节配合，既可口又保证了健康；传统中医，向来讲究防病于未然，在生病之前预防保养。古人最忌讳逆天而动，也就是违背自然规律去做事。只有顺应自然，才能利用自然，改造自然。

天行健

天行健①，君子以自强不息②。

《周易·乾·象》

注解

① 天行健：天道运行，昼夜不停，无时亏退。
② 君子以自强不息：君子自强勉力，没有止息。

天行健，君子以自强不息。

|听老师讲|

司马光自强不息

这是《周易》里的话,大意是说:天道的特性是运转不停,君子也要努力向上,永不停息。

这句话是《周易》中第一卦乾卦的释辞。天是不断运转的,从来没有停止的时候,这是一种强健的表现。所以《周易》借天的特性激励人们永不停息,奋发有为。

宋代的文学家、政治家、历史学家司马光,从小就是一个聪明的孩子,不过,司马光从来没有因为自己天资聪明就放弃学习,相反,他少年时代在学习上付出的努力是一般人比不了的。他小时候读书,为了使自己抓紧一切时间学习,特地做了一个"警枕"。这个"警枕"是一段圆柱形的木头,头枕在上面的时候,一打瞌睡,就会不知不觉地滚下来,于是人也清醒了。司马光就是这样日夜用功,怀着一种不息不止的毅力,博览群书,最终成为一代大学者。

如果说一个人在贫困时期和青年时代有这种自强

不息的精神不足为奇，那么在获得了功名富贵之后，或者到了老年，还保持这种品德，就非常可贵了。司马光六十多岁时，还在孜孜不辍地编著历史巨著《资治通鉴》，手稿足足堆了两大间屋子。

司马光认为一个人只有艰苦奋斗，才能时时严格要求自己，自强不息，成就大业。贪图享受会使人丧失斗志，一事无成。司马光终身以此砥砺自己，即使当了宰相，仍然艰苦朴素，不过奢华的生活。今天国家图书馆藏有司马光的亲笔稿件，是用废纸书写的，纸上原有字迹，司马光用淡墨涂掉，再用浓墨写上去。司马光也教育他的儿子勇于吃苦，磨炼自己。其他达官显贵家的孩子穿得珠光宝气，在街上格外引人注目。可是司马光的儿子上了街，衣着朴素，人们根本想不到这就是当朝宰相的儿子。

自强不息是中华民族的一笔宝贵财富。中华民族在数千年发展史上曾历经磨难，然而从不屈服，自强不息，奋斗不止。这种精神是中国人民抵御各种危难的精神支柱，是激励中华民族生生不息的强大动力。

自强不息的关键是"健",大自然无穷无尽的运行告诉我们,只有保持一颗强健的心,才能在多变的外界环境中把握好自己,奋发自强,做人生的强者。

司马温公祠(司马光死后被追封为温国公)

第三单元

天人之际

中国古人对天人关系的探讨

- ◎ 天地不仁
- ◎ 万物与我为一
- ◎ 天人相类
- ◎ 制天命而用之
- ◎ 天与人交相胜

八 卦

八卦是华夏民族原始先民的天才创造。它以符号形式表现自然物象与文化思想,以最简洁的图式象征万物,阐述发展变化的道理,奥妙无穷。

八卦每卦由阳爻(—)和阴爻(--)两种基本符号组合而成,体现着阴阳相生孕育万物的思想。

八卦各代表自然界一定的事物,它们是:乾代表天,坤代表地,艮(gèn)代表山,巽(xùn)代表风,震代表雷,坎代表水,离代表火,兑代表沼泽。天地、山泽、风雷、水火,这是宇宙中最基本的八种自然现象。八卦两两重叠,共有六十四种组合,这就是《周易》六十四卦。六十四卦各有名称,《周易》中对其卦象和含义有详细的描述和解释。

古人认为八卦可以用于占卜,预知凶吉,古籍中记载了很多使用八卦占卜的事例,国君对战争、婚嫁、疾病等有疑问,都会请占卜官问卦求答。

随着历史的发展,八卦与道教结合,成为阴阳五行术数的源头,产生了风水理论;八卦又和中医结合,形成一套独特的经脉学理论;与天文历法结合,与星宿节气相配,成为古代农业耕作必须遵循的法则。八卦蕴藏着无穷的智慧和谜团,等待人们去探索。

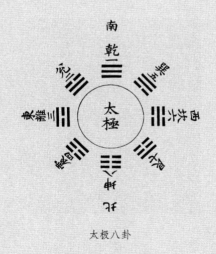

太极八卦

天地不仁

天地不仁①，以万物为刍狗②；圣人不仁，以百姓为刍狗。

《老子》第五章

注解

① 不仁：无所偏爱。
② 刍狗：用草扎成的狗，祭祀时使用。

赵孟頫所书《老子》

|听老师讲|

无为的智慧

这句话出自《老子》第五章，大意是：天地无所偏爱，圣人也无所偏爱；天地对待万物，圣人对待百姓，就像人们对待祭祀用的草狗一样，祭祀完毕，也就扔掉了，不会去顾惜它，而是任其自生自灭。

这里的"不仁"倒不是不讲道德的意思，而是说天地是公正无私的，万物生成纯属自然。孔子也说过一句话："天何言哉，四时行焉，百物生焉。"意思是说四季有规律地变化，万物茁壮地成长，可是天并没有说什么居功的话。

老子还说：天地产生万物，却不占有它们，正因为不居功，所以万物都奉天地为楷模。圣人也是这样，他们与世无争，所以天下就无法和他们相争。

这些话听起来很深奥，其实道理并不难懂，我国古代的政治家早就运用这些原则了。汉朝初年，战乱刚刚结束，刘邦和开国丞相萧何制定了一套发展生产的政策，让老百姓休养生息。后来萧何去世了，接替他的是曹参。曹参上任后，天天喝酒，什么都不干，这让新即位的汉惠帝很不高兴。他叫曹参的儿子去问问他父亲有什么打算，谁知曹参不但不回答，还把儿子打了一顿。

汉惠帝就叫来曹参，问他到底为什么。曹参说："先帝和萧丞相制定的政策已经很好了，我们老老实实地奉行就好，不要再搞新花样去折腾老百姓了。老百姓希望安安稳稳地耕田过日子，咱们越不做事情，老百姓的负担就越轻，所以还是清静无为比较好。"

曹参的这种"不仁"，其实正是"至仁"，因为他的这种执政方式，汉朝初年才有了一个经济恢复的时期，为后来的强盛打下了基础。

这个故事正印证了老子的另一句话："治大国若烹小鲜。"意思是说，治国好像煎小鱼一样，有时要翻动一下，可是不能不停地翻动，翻动多了，鱼会烂。这种清静无为的原则被用在很多方面，是中国人保持平静、安定、有为的根本所在。

万物与我为一

天地与我并生,而万物与我为一。

《庄子·齐物论》

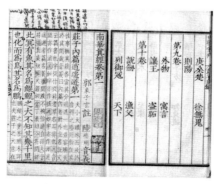

《庄子》(《南华真经》)书影

> 听老师讲

人能知道鱼的快乐吗

这句话出自《庄子·齐物论》,意思是:天地与我并存,万物与我一体。

庄子姓庄名周,战国时期宋国蒙(今河南商丘东北)人。曾做过管理漆园的小官,后来过着隐居的生活。《庄子》一书是道家学派的重要著作,是庄子及庄子学派的学者共同写作的。庄子深入思考自然和人生的各种问题,对人与自然的关系有许多独特、发人深省的论述。

庄 子

庄子把自然看成一个不可分割的整体。他讲了这样一个寓言故事：南海之帝名叫儵（shū），北海之帝名叫忽，中央之帝名叫浑沌。儵与忽常常在浑沌的地方相会，浑沌十分友好地招待他们。儵与忽商量要报答浑沌的深情厚谊，说："人都有眼耳口鼻等七窍，用来看、听、吃和呼吸，唯独浑沌没有，我们就为他凿开七窍吧。"他们每天凿开一个孔窍，凿了七天，七窍凿成，浑沌也死去了。这个故事告诉人们，自然界是一个整体，是不能加以分割和破坏的。人作为自然界的一部分，不能伤害自然，应当爱护自然，顺应自然，维护自然的整体性。

在庄子眼里，自己和外物是浑然一体的，不存在隔开自我与外面世界的壁垒。有一次，庄子和惠施一起在濠水的桥上游玩。庄子看到鱼儿在水里自由自在地游来游去，情不自禁地说："鱼儿游得多么悠闲自在啊，这就是鱼儿的快乐。"惠施说："你不是鱼，怎能知道鱼的快乐？"庄子说："你不是我，怎么知道我不知道鱼儿的快乐？"

从这段对话中，我们可以看出庄子的胸襟。惠施在自己和外面的世界之间筑了一道墙壁，把自己围困在墙壁里面；墙壁以外的世界，他无法进入。因此，他不相信外面的世界也是可知的，并且是可乐的。庄子没有把自己和外面的世界隔绝开来。他的心是开放的、敞亮的、自由自在的，就好像破茧而出的蝴蝶，在外面的世界翩翩飞舞。

庄子是一个有智慧的人，两千多年来，他以独特的魅力吸引着人们，教人们打破各种障碍壁垒，给人们一片广阔自由的天地。

庄周梦蝶

天人相类

天亦有喜怒之气,哀乐之心,与人相副①,以类合之,天人一②也。

董仲舒《春秋繁露·阴阳义》

注解

① 副:符合,相称。
② 一:同一,一样。

《春秋繁露》书影

| 听老师讲

天与人能互相感应吗

这句话的大意是:天也有喜悦愤怒的气,悲哀快乐的心,这就跟人一样,由此可知,天和人是一体的。

在中国古代,以董仲舒为代表的天人感应论是影响很大的一种学说。这种学说认为,天是有意志的,天时刻监督着人的行为。如果人做得好,天就会降下祥瑞,对人进行奖赏;如果人做得不好,天就会降下灾变,对

女娲雕塑

人进行告诫。

天人感应理论在中国历史上盛行时间很长，深深地根植于中国文化的土壤中，渗透在政治、民俗、文学艺术等各个领域。例如著名的元杂剧《窦娥冤》，善良的窦娥被冤枉，判了死刑，在临刑前，窦娥发出控诉，发了三桩誓愿：如果上天有知，自己的鲜血不会流到地上，而是溅在三尺白绫之上，并且当地将六月飞雪，大旱三年。后来果然都应验了。

天人感应理论有许多漏洞，现在看来更是有很多牵强附会之处，历史上不断有人对这种学说提出挑战，例如王充就雄辩地驳斥过这一理论。在论战的过程中，支持天人感应理论的人也不断地完善着这种学说，减少容易遭受攻击的说法。

天人感应理论也有积极的作用，这就是借用天的权威来限制君主的权力。在古代社会，君主的权力太大，人们不敢直接批评君主，只好抬出一个更高的权威来，利用它来劝说君主改恶从善。老百姓要听君主的，而君主也不能为所欲为，君主要听天的。如果天下有大灾发生,君主就要反省自己是不是有什么做得不好的地方惹怒了上天,君主要悔过、改正错误,才能使上天收回灾害。这对高高在上的君主是一种约束。

《吕氏春秋》记载了这样一个故事:商汤讨伐夏桀得到天下之后,不久便遇到天下大旱,连续几年歉收。于是,商汤在桑林向上天祷告说,天下大旱,是我一个人有罪,不要殃及百姓万民;百姓有罪,也是我一个人的罪过,不要因为我一个人的过失,导致上天对百姓的惩罚。然后,他闭门思过,割下自己的头发,用木头将十指夹捆起来,把自己作为祭神的牺牲祭献给天帝。于是,天降大雨,干旱解除。

天人感应论在一定程度上约束了古代君主的行为,促使君主严格要求自己,畏惧上天,善待百姓,产生了积极的政治影响。

制天命而用之

大①天而思②之，孰与③物畜④而制之？从⑤天而颂⑥之，孰与制天命⑦而用之？

《荀子·天论》

注解

① 大：推崇。
② 思：思慕。
③ 孰与：如何，哪里比得上。
④ 物畜：把天当作物来蓄养。
⑤ 从：顺从。
⑥ 颂：歌颂，赞扬。
⑦ 制天命：掌握自然界的变化规律。

|听老师讲|

遵循自然规律创造奇迹

这段话选自《荀子·天论》，大意是说：尊崇天而思慕它，哪里比得上把天当作物一样蓄养起来而控制它呢？顺从天而赞美它，哪里比得上掌握大自然的变化规律而利用它呢？

我国古人敬重大自然，但是，这绝不意味着人在大自然面前毫无作为，一味受大自然的控制和摆布，而是把自己放在与大自然平等的地位上，对自然界表现出来的威力绝不畏惧，努力发挥人的聪明智慧，利用大自然为人类造福。

都江堰是我国古人顺应自然规律、发挥人的积极作用而修建成的一个杰出水利工程。都江堰修建于战国时代，当时，秦国灭掉了蜀国，秦昭襄王听说蜀地经常闹水灾，就派李冰到蜀郡任太守。李冰首先分析了水灾的原因：岷江在川北湍急，挟带大量泥沙，进入成都平原后水流变缓，泥沙壅积，将河床垫高，导致水患。于是李冰精心研究，设计出了都江堰的主体结构。都江堰由鱼嘴分水堤、飞沙堰溢洪道、宝瓶口引水口三大主体工程和百丈堤、人字堤等附属工程构成。鱼嘴是修建在江心的分水堤坝，它把汹涌的岷江分隔成外江和内江，外江用来排洪，内江用来引水灌溉。飞沙堰起着泄洪、排沙和调节水量的作用。宝瓶口控制进水流量，因形状如瓶颈，故称宝瓶口。内江水经过宝瓶口流入川西平原灌溉农田。这一套工程环环相扣，巧妙相连，科学地解决了江水自动分流、自动排沙、控制进水流量等问题，

都江堰

消除了水患，使川西平原成为"水旱从人"的天府之国。两千多年来，一直发挥着防洪灌溉的作用。

在古代，充分反映人们"制天命"思想的，除了工程建筑外，还有航海。船舶在江海中航行，要和大自然亲密接触，没有对大自然的深入认识是不行的。航行的时候，在茫茫大海上很难分辨方向，人们白天看太阳，晚上看星座，阴天的时候看罗盘，让大自然替人指路。古代的船都是靠风帆行驶的，海上遇到逆风的情况很多，但是人们通过实践，学会了逆风行船，有句俗语叫"好船家能使八面风"，说的就是这个意思。原来，顺风的时候，风吹着船向前移动；逆风的时候，船家就会调节帆的角度和弯曲程度，总是反复地向斜前方行船，让船呈"之"字形曲折前进，这样就能逆风行船了。

制天命而用之，并不是抛开对大自然的敬畏。相反，只有尊重自然，才能深入地研究自然，发现它的种种规律，使之为我们服务。荀子的这句话，进一步证明了人和自然是紧密联系在一起、不可分割的整体。

天与人交相胜

大凡入形器者①,皆有能②有不能。天,有形之大者也;人,动物之尤③者也。天之能,人固不能也;人之能,天亦有所不能也。故余曰:天与人交相胜耳。

刘禹锡《天论》

注解

① 入形器者:有形体的事物。
② 能:指事物的能力、功能、作用。
③ 尤:特异的,突出的。

刘禹锡

> 听老师讲

人与自然共生共存

这段话出自刘禹锡的《天论》，大意是：但凡有形体的东西，总是有所能有所不能。天，是有形体之物中最广大的；人，是会活动之物里最优秀的。天能够做到的，人固然有不能做到的；人能够做到的，天也未必能做到。因此我说，天可以胜过人，人也可以胜过天。

2008年5月12日，四川省汶川县一带发生了一场特大地震。这是近几十年来继唐山大地震之后又一次重大的自然灾害。面对地震这样的天灾，目前人类的科学水平还达不到准确预报的程度，地震给人类造成了一场场悲剧。

但是，面对自然灾害，人类并不是一点办法都没有。很多情况下，人们是可以挽救灾难造成的损失的。汶川地震之后，中国政府立即做出反应，派遣部队、医务工作者等赴灾区展开救援，投入了直升机、海事卫星等先进救援工具。许多幸存者被顺利救出，重建家园。

面对自然界给出的难题，人们还创造了很多奇迹。

元朝时，大都（今北京）的粮食需要通过京杭大运河从南方运来，但是运河的终点在大都东边的通州，卸船转运非常麻烦，所以人们一直希望能有一条运河从通州直通京城。

元代的科学家郭守敬解决了这个难题。他在京西找了一处清澈的水源，然后从这里开始挖引水河，但并不是按照常理直通老河道，而是巧妙地设计了一条曲折的路线：让水道依着地势先向西去，然后慢慢向南迂回过来。这样一来，长度增加了，可是坡度平缓了，沿途接受小河小溪的水更多了，等汇入运河的时候，水量就很大了，而且河水清澈，水流平缓，可以随意设置水闸，粮船可以顺着河道直接开到京城里来。元世祖忽必烈非常高兴，就管这段交通便捷的河道叫"通惠河"。

郭守敬知识渊博，再加上详细的实地测量和审慎的考虑，才创造出这样的奇迹。由此可见，人和自然本来是友好的朋友，只要摸清自然的脾气，人就可以与自然和谐相处，造福人类。

第四单元

和谐自然

中国古人的生态观

- 不违农时
- 竭泽而渔
- 牛山之木
- 揠苗助长

古人的农业生产观

我国古代是农耕社会,古人在长期的农业生产劳动中形成了人与自然和谐相处的自然观。一方面,自然值得敬畏,人要尊重自然、顺应自然;另一方面,天地之间人为贵,要发挥人的积极作用。人的作用是帮助天地万物完成转变与发育。自然万物有其自身的孕育生长过程,人们要注意不去打断这些自然过程,但要采取适当的措施去辅助和促进它们。

根据这种自然观,农业生产的第一要求是"顺应天时""不违农时"。人们的生产活动与自然界气候变化的节律保持一致,这在中国突出表现为二十四节气的应用。古代重要典籍《礼记·月令》中就列出了一年中每个月的物候、星象、气象和农事,以季节变化为轴,把地上草木鸟兽的动态、天上日月星辰的运行和气象变化与人间的生产生活联结在一起。

通过"顺天时",人们可以"尽地利",即充分挖掘土地的产出能力,使之为人类所用。但我们在利用万物时，还要特别注意保护自然，不能恶意或过量砍伐树木、捕获鱼类以及兽类，反对破坏大自然的种种行为。总之，在人与自然的关系中，最重要的是和谐。

清代院本《十二月令图轴》(七月)

不违农时

不违农时,谷不可胜食也;数罟①不入洿②池,鱼鳖不可胜食也;斧斤③以时④入山林,材木不可胜用也。谷与鱼鳖不可胜食,材木不可胜用,是使民养生丧死⑤无憾⑥也。

《孟子·梁惠王上》

注解

① 数(cù)罟(gǔ):细密的渔网。
② 洿(wū):大。
③ 斧斤:即斧头。斤,斧子。
④ 以时:依照时间,这里指在适合砍伐的季节砍伐。
⑤ 养生丧死:指供养活着的人,安葬去世的人。
⑥ 憾:遗憾。

听老师讲

打春牛,打出五谷丰登

这是孟子谒见梁惠王时说的一番话。梁惠王问孟子,他对于治理国家尽心尽力,邻国君主没有一个像他这样用心的,却不见治理的成效,不知为什么。孟子回答时说了上述这段话,意思是:不违背农业生产的时令,谷物就会充足,吃不完;不用细密的渔网到池塘去捕鱼,鱼鳖就会充足,吃不完;樵夫携斧按时进入山林砍伐树木,木材就会充足,用不完。谷物和鱼鳖吃不完,木材用不完,老百姓就可以供养活着的人,安葬死去的人,那就没有遗憾了。孟子认为,如果君主能这样做,那便是实行王道的起点。

我国古代是农耕社会,有很多与农事相关的习俗,立春"打春牛"就是其中重要的一个。立春是二十四节气之首,在立春这天,人们要鞭打春牛迎接春天的到来。春牛有泥捏的,也有纸糊的,具体的仪式各地也有所不同。在关东地区,打春牛的仪式是这样的:立春那一天,人们一早就把春牛抬到城东郊高地。挖一个大坑，里面插个竹筒，竹筒里放一根鹅毛。据说立春的那一刻阳气上升，轻轻的鹅毛能被阳气吹拂起来。布置好之后，人们便在竹筒旁等啊盼啊，等待立春时刻的到来。到了那一刻，只见鹅毛轻轻地向上浮动，徐徐地飘出竹筒，轻飘飘地飞向蓝天。于是人们欣喜地大喊："春来了！春来了！"这时带头的人手拿鞭子鞭打春牛，同时口中说着："一打风调雨顺，二打土肥地暄，三打三阳开泰，四打四季平安，五打五谷丰登，六打六合同春，七打七星高照，八打八节康宁，九打九九归一，十打天下太平。"鞭打完之后，人们抬着春牛沿地垄慢慢向前走，将春牛放在地上，拿镐头向正南方"农祥星"方向奋臂挥土，表示这一年的农事活动开始了。

"打春牛"提示人们，季节不等人，过了春节，紧张的春耕就要开始了。万物都有生长、发育的规律，人要顺应万物的生长规律，尽量保证它们的成长。例如夏季是万物生长最旺盛的季节，在这个季节里，我国古代的统治者规定：不许大兴土木，不许大量征发徭役，不许举行大规模的打猎活动，不许砍伐树木，以保证万物顺利生长。

古人不违农时的做法既有效地保护了自然环境，同时也保障了人类自身的生存和发展。

不违农时

竭泽而渔

竭①泽而渔,岂②不获得?而明年③无鱼。焚薮④而田⑤,岂不获得?而明年无兽。

《吕氏春秋·义赏》

注解

① 竭:竭尽,用尽。
② 岂:难道。
③ 明年:下一年。
④ 薮(sǒu):草木丛生鸟兽聚藏的地方。
⑤ 田:打猎。

《吕氏春秋》书影

|听老师讲

网下留情,请给鱼一条生路

这段文字出自《吕氏春秋·义赏》,大意是:将水抽干了来捕鱼,哪会捕不到鱼呢?只是第二年水里就没有鱼了。焚烧山林来打猎,哪会捕不到野兽呢?只是第二年山里就没有野兽了。

我国古人早就懂得了可持续发展的道理,早就知道要遵循自然规律来合理利用自然资源。早在西周,我国就出现了自然保护思想和相关制度。《国语·鲁语上》就记载了这样一个故事:春秋时期,鲁国的君主鲁宣公在夏天鱼类繁殖的时候到泗水撒网捕鱼,大臣里革很生气,不停地劝说鲁宣公,但宣公根本不听,最后里革干脆派人把国君的渔网割断扔掉,并且教训鲁宣公说:"古人的原则是不能在动物繁殖的季节捕猎,现在鱼正在繁殖,你这样到处撒网,让鱼群无法生长,真是太贪心了。"

《史记》还讲了一个"网开三面"的故事,说的是商汤当诸侯的时候,看到他的人民在野地里张开大网,捕捉了许多飞鸟,于是就命令把网的三面都拆下来,并向上天祈祷说:"想逃走的,或者向左跑,或者向右跑吧。如果是属于我们的,就留在最后一面网的旁边。"这可以算是古代君王保护鸟类的最早记载。

里革割坏了宣公的渔网,告诫宣公要遵从古训,不在鱼类生长繁殖的季节捕鱼;商汤网开三面,不将鸟儿捕尽杀绝。可见中国古人早就知道要合理地利用生物资源,而且这一观念早已得到全社会的认可,否则里革也不敢采取如此大胆的行为。

今天,这个古训仍然没有过时,我们在处理人与自然的关系时,一定不要只图眼前利益,不做长远打算。

土地沙化

牛山之木

牛山①之木尝②美③矣。以其郊于大国④也,斧斤伐⑤之,可以为美乎?是其日夜之所息⑥,雨露之所润,非无萌蘖⑦之生焉,牛羊又从而牧⑧之,是以若彼⑨濯濯也⑩。

《孟子·告子上》

注解

① 牛山:在今山东临淄县南,位于当时齐国都的东南。
② 尝:曾经。
③ 美:这里指草木茂盛、丰美。
④ 郊大于国:临近大都邑。国,这里指都城。
⑤ 伐:砍伐。
⑥ 息:繁殖,生长。
⑦ 萌蘖(niè):新芽。
⑧ 牧:放养牲畜。
⑨ 若彼:像那样。
⑩ 濯(zhuó)濯:形容山上没有草木,光秃秃的样子。

听老师讲

古人是怎样植树造林的

这段文字出自《孟子·告子上》，大意是：牛山的树林曾经很繁茂，因为处于都城的郊外，总有斧子去砍伐它，还能长得繁茂吗？这些树木不停地生长繁殖着，雨水露珠滋润着它们，不是没有嫩芽、新条长出来，可是人们又紧跟着在这里放牧，因此牛山就成了现在这样光秃秃的了。

牛山事件可以称得上是先秦环境保护的一次大事件。因为《孟子》是儒家经典，地位崇高，所以后来的统治者都拿这段话做前车之鉴，鼓励人们植树造林，并立法监督地方官员执行这项政策。

汉朝有一个叫龚遂的人，被任命为渤海太守。渤海民风剽悍，尚武好斗，龚遂就命令老百姓把刀剑卖了，换成锄头和耕牛，每人种一棵榆树、一百棵茭白、五十棵葱和一畦韭菜。几年间，渤海成了一片绿海，据说现在那里还存有龚遂当年种下的榆树呢。

唐朝规定，分到田地的农民，每亩应该至少种五十棵桑树、十棵榆树和十棵枣树,要是当地的土质不适合种上面三种树,可以改种其他树,但是无论种什么,都要在分到土地后三年内完成,到时会有地方官督促、统计。如果三年后,当地树木的数量不够,地方官就要挨四十下板子。宋朝也基本执行了唐朝的制度,官员植树不力要挨板子,老百姓砍树毁林,如果情节严重,可以判死刑。

古人不但鼓励种树,还在植树造林上想了很多奇妙的办法。宋朝有个诗人叫石延年,他曾任海州通判,看到那里山上都是光秃秃的,就下令在山上种树。可是,那个地方不比平原,崇山峻岭很多,而且特别险峻,很多地方人都上不去,怎么办呢?石延年想了一个主意,他用泥把果核、种子包起来,做成一个个泥团,然后派人向山上丢。有的山崖太陡峭了,靠人力抛不上去,他就请来弓箭手,把这些泥团绑在箭头上,"嗖嗖"地射到山上去。过了几年,漫山遍野长满了桃树、杏树……绿荫笼罩,花开的时候,锦绣成堆,风光十分美丽,当地百姓都称赞石延年是个聪明的官员。苏东坡写诗说:

"戏将桃核裹黄泥,石间散掷如风雨。"说的就是石延年植树的壮观场面。

不但官府鼓励种树,宗族、寺庙、家庭都有种树的习惯,比如很多家谱规定,不准砍伐族中公有的树木。正是因为古人从上到下都有这种环保意识,汲取"牛山之木"的教训,所以几千年来,从平原到山地,从宫廷到农村,都是一派郁郁葱葱、生机盎然的景象。

今日牛山风光

揠苗助长

宋人有闵①其苗之不长而揠②之者,芒芒然③归,谓其人④曰:"今日病⑤矣,予助苗长矣。"其子趋⑥而往视之,苗则槁⑦矣。天下之不助苗长者寡矣。以为无益而舍之者,不耘⑧苗者也;助之长者,揠苗者也。非徒⑨无益,而又害之。

《孟子·公孙丑上》

注解

① 闵(mǐn):忧虑,担心。
② 揠(yà):拔。
③ 芒芒然:疲倦的样子。
④ 其人:家人。
⑤ 病:疲倦。
⑥ 趋:快步走。
⑦ 槁(gǎo):干枯。
⑧ 耘:除草。
⑨ 徒:仅,只。

> 听老师讲

郭橐驼种树

这段话的大意是说：有个宋国人，担心他的庄稼长不高，就一棵一棵地把庄稼拔高了。忙了一天，晕头转向地回家，对家人说："今天我累坏了，不过我帮禾苗长高了。"他儿子赶紧跑到地里一看，发现禾苗都枯死了。天下不愿让禾苗长高的人是很少的。认为耕耘没有什么益处而放弃不干的，就是种庄稼不锄草的懒汉；而那些拔禾苗的人，不但所作所为没有益处，反倒是害了禾苗。

当然，现实生活中不会有这么傻的人，孟子只是借这个故事告诉我们：不要过分干预生物生长，人的好心有时会变成坏事。

唐代文学家柳宗元记载了一个叫郭橐驼的老人的事迹。郭橐驼是位种树能手，他种的树没有一棵不成活的，而且枝繁叶茂，果实鲜美。有人问他："你种树有什么诀窍吗？"郭橐驼说："我也没什么特别的本事，只不过顺应树木的天性，让它自由发展而已。栽种时要小心，但种完就不要妨碍它的生长。有些人种树，总怕栽不活，一会儿去摸摸看看，一会儿去摇晃一下，甚至还把土刨开，看看根扎下没有。表面上是爱树，其实是害了树，这样树怎能长得好呢？"

我们的祖先重视天道，对待自然界的事物，无不顺应其天性，任其自由发展，但也绝不是放任自流，听之任之，像孟子说的连杂草都不除，而是在符合自然规律的前提下做事。早在先秦，我国就出现了"土宜论"和"土脉论"。这两种学说强调保持地力，使土地越种越肥沃，使后人尽量受益，而不是对土地进行掠夺式的耕种和开采。"土宜论"和"土脉论"并不是要求人们一点都不对土地进行改良，它提倡的是按照土地的特性种植不同的作物；用土地里出产的东西，比如灰、落叶、粪汁等，对土地进行优化。这样顺应了土壤的天性，也达到了人类的要求。古代劳动人民关于生产的智慧，确实是非常精妙的。

第五单元

抚今追昔

中国古人的历史感怀

- ○ 登幽州台歌
- ○ 蜀　相
- ○ 乌江绝句
- ○ 于易水送人

咏史诗

中国是一个重视历史和历史记录的国度,自古以来一代代有品格的史官秉笔直书,实事求是地记载不断发生着的历史事件;有良知的文化人也在努力透过历史文献以及其他的历史证物去洞悉历史的真相,用历史照亮现实的道路。"以史为鉴"就这样成了我们华夏民族的优秀精神传统。

值得一提的是,中国人精神深处厚重的历史感还体现在诗人们的诗歌创作中。由于生活在历史悠久的伟大国度里,废墟、遗址无处不在,古迹、文物时时可见,因此,历代的诗人们在登临古代遗址,凭吊古迹,观摩文物,或者读史书之时,常常会"发思古之幽情",在诗歌中表达对历史人物和历史事件的认识,或者感慨历史的盛衰变化。例如,项羽、王昭君、诸葛亮等人的事迹感动了世世代代的诗人,于是诗人们便在自己的诗作中反复咏唱他们,乐此不疲。

咏史诗不仅有咏人(以歌咏历史人物的品行事迹为

主)、咏事(以歌咏历史事件为主)这两种,还有咏怀(借古人、历史事件抒发个人怀抱)这一类。要知道,诗人们都是情感特别丰富、细腻的人,一旦面临王朝末世的景象或自身黯淡的前途,在国事无望、抱负落空、身世沉沦的时候,他们自然会兴起悲凉、沉郁等复杂的思绪,因而免不了在诗歌创作中借历史的人和事抒发抑郁、悲凉的个人情怀。

秦陵兵马俑

登幽州台①歌

陈子昂

前不见古人,
后不见来者②。
念天地之悠悠,
独怆然③而涕下!

注解

① 幽州台:幽州是郡名,治所在今北京大兴。幽州台即蓟北楼,在今北京市内。
② "前不见"二句:像燕昭王那样任用贤才的人,在古代曾经有,但来不及见到;将来应该也有这样的人,然而也没有办法见到。
③ 怆然:伤感的样子。

|听老师讲|

陈子昂千年一叹

陈子昂（661—702），字伯玉，梓州射洪（今属四川省）人，初唐时期的著名诗人。

这首诗的大意是说：见不到古代招贤纳士的英王，看不到后世求才若渴的明君。那天悠悠而高远，地悠悠而广袤，想到这天地之间，唯独我一人登台感怀，更觉得凄怆心酸，禁不住泪流满面，沾湿了衣襟！

陈子昂为什么要发出这样的感慨呢？陈子昂是一个具有政治见识和政治才能的文人。他直言敢谏，常常对当时的弊政提出批评意见，但都不被采纳，甚至遭到贬官的处罚。陈子昂不能实现政治抱负，还遭到打击，这使他心情非常苦闷。

公元697年，陈子昂随建安王武攸宜征讨契丹。武攸宜的轻率和无能致使前军陷没。陈子昂两次进谏，并自告奋勇，请求率领两万人做前锋，不料武攸宜恼羞成怒，反将他贬为军曹。陈子昂满怀悲愤，于是登上了幽州台。幽州台又名黄金台，相传是战国时期燕昭王所建。燕昭王在台上放置黄金，来招纳天下的英才。陈子昂登上这座高台，自然而然地想起了古代贤君招纳人才的故事。但是像燕昭王那样的前代贤君无法见到，后来的贤明之主也来不及见到，自己真是生不逢时。登台远眺时，只见茫茫宇宙，天地无垠，而自己又是如此渺小，心中不禁生起一股悲凉之意，于是便怆然流泪了。

我国古代的知识分子经常面临这样的情况：空有一腔报国热情，却得不到当政者的任用，因此只好借历史文化典故来抒发心中的无限感慨。陈子昂这首《登幽州台歌》就是其中的代表作，足以引起广大怀才不遇的人士的强烈共鸣。

陈子昂雕像

蜀　相①

杜　甫

丞相祠堂②何处寻，锦官城③外柏森森。

映阶碧草自春色④，隔叶黄鹂空好音⑤。

三顾频烦天下计，两朝开济老臣心⑥。

出师未捷身先死⑦，长使英雄泪满襟。

注解

① 蜀相：指三国时期蜀汉的丞相诸葛亮。这首诗是杜甫刚到成都时游览诸葛武侯庙所作。
② 丞相祠堂：指诸葛武侯庙，是晋李雄在蜀称王时修建的，今名武侯祠，在成都旧城西北，祠内有老柏树，相传为诸葛亮亲手所栽。
③ 锦官城：旧指成都西城。
④ 自春色：指春草无人关注，自生自灭。
⑤ 空好音：指黄鹂无人倾听，自呼自唤。
⑥ "三顾"两句：当年刘备三顾茅庐，向诸葛亮请教天下大计。诸葛亮出山后，一直辅佐刘备、刘禅父子，表现了老臣的忠心。
⑦ 出师未捷身先死：蜀汉建兴十二年（234）春天，诸葛亮出兵伐魏，在渭水南岸五丈原与魏军相持百余日，八月病死于军中。

听老师讲

杜甫乱世思贤才

杜甫（712—770），字子美,生于河南巩县（今河南巩义），盛唐时期伟大的现实主义诗人，后世尊称他为"诗圣"，与李白并称为"李杜"。

这首诗是为歌颂和纪念三国时期蜀国丞相诸葛亮而作的。全诗的大意是：蜀国丞相诸葛亮的祠堂在哪里呢？就在成都城外那一片茂密的柏树林中。祠堂前的绿草照映着台阶，呈现出一片春色，茂密树林中的黄鹂则发出婉转的啼鸣。当年刘备三顾茅庐请诸葛亮出山为他谋划统一天下的策略，而诸葛亮也忠心耿耿地辅佐刘备

《杜少陵全集笺注》书影

和刘禅两代君主，鞠躬尽瘁。只可惜出师伐魏还没能够取得胜利，他就病死在军营中，后代的英雄想起此事就伤感不已。

诸葛亮是三国时期著名的政治家和军事家。他曾经为刘备制定了一系列统一天下的方针、策略，辅佐刘备建立了蜀汉政权，形成了与曹魏、孙吴三足鼎立的局面。刘备去世后，诸葛亮又辅佐他的儿子刘禅，多次出师北伐中原，因心力交瘁，积劳成疾，最后病死在军中。后来，人们在蜀汉政权的故都成都城外修建了一座武侯祠来纪念他。

杜甫看到的武侯祠是怎样的情景呢？它深深地隐藏在城郊茂密的柏树林里，碧草只能"自春色"，黄鹂只能"空好音"，也就是说，没有人来欣赏草色和莺声，它们只能自娱自乐。一个"自"字，一个"空"字，充分写出了祠堂的凄清冷落。

杜甫看到这样一个值得纪念的伟人的祠庙竟变得如此破落、荒凉，产生了无限感慨。他追述了诸葛亮的伟大功绩，表达了深深的景仰之情，同时又为其"出师未捷身先死"的命运感到无比惋惜。

诗人写作这首诗的时候，安史之乱还没有结束，整个国家还处在极度的动荡和混乱之中，杜甫歌颂和纪念诸葛亮的同时，内心深处希望在国家危难之际能够出现一位像诸葛亮这样的人才，辅佐君王整治天下，重现昔日的盛世。

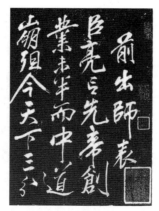

诸葛亮《出师表》（岳飞所书）

乌江①绝句

李清照

生当作人杰②,

死亦为鬼雄③。

至今思项羽,

不肯过江东。

注解

① 乌江:楚汉相争,项羽兵败垓下,突围来到乌江,乌江亭长建议项羽渡江,可是项羽觉得愧对江东父老,羞愤自杀。现在安徽和县东北的乌江浦旧传是项羽自刎的地方。
② 人杰:人中豪杰,即杰出的人才。
③ 鬼雄:鬼中雄杰。

|听老师讲|

李清照诗讽偏安

李清照（1084—约1155），南宋女词人，自号易安居士。其父李格非为当时著名学者，丈夫赵明诚为金石考据家。李清照早年生活优裕，金兵入据中原后她流寓南方，境遇孤苦。

《乌江绝句》又题作"夏日绝句"，是李清照在与赵明诚坐船途经建有西楚霸王庙的和州乌江县时触景生情

李清照

写下的。西楚霸王项羽在历史上是一个有争议的人物。历代史家在评论项羽兵败垓下、乌江自刎这段历史时，除司马迁对项羽的英雄气概给予高度赞扬之外，其余人都由于"胜则王侯败则寇"的成见或"人心得失寓褒贬"的观念批评项羽，认为他罪有应得。李清照关注的却是一个很小的历史细节：项羽在生死关头仍然不肯坐乌江亭长的船离去，过江求平安。因此在李清照看来，他不失为磊落的盖世英雄。

李清照是有意为项羽翻案吗？她为什么会如此重视项羽不肯渡江这一历史细节呢？对于南宋人来说，"过江"一词有着非同寻常的意味。北宋靖康二年（1127），金兵南下，攻破北宋都城汴梁，俘虏了宋徽宗和宋钦宗，北宋从此覆亡。后来赵构即位，就是宋高宗。他为躲避金兵的追赶，渡过长江，定都杭州，从此偏安江南，不思进取。国土沦丧之下，很多南宋人不满于偏安东南一隅，"北伐""收复中原"始终是南宋人关注的焦点。因此，在诗人的心目中，项羽宁死不渡江，与南宋朝廷渡江偏安苟存，两者形成了强烈的对比。在这样的背景下，诗人极力赞扬项羽宁可自刎也不肯过江的英雄豪气，意在讽刺南宋朝廷偏安于江南之地，不肯北伐收复失地的懦弱无耻的行为。

宋徽宗　　　　　　宋钦宗　　　　　　宋高宗

于易水①送人

骆宾王

此地别燕丹，
壮士发冲冠。
昔时人已没，
今日水犹寒。

注解

① 易水：在今河北省西部，源出易县，流入拒马河。战国末年，荆轲赴秦刺杀秦王，燕国太子丹在易水为荆轲饯行。

荆轲刺秦王

听老师讲

骆宾王缅怀壮士

骆宾王（约619—约687），婺州义乌（今浙江义乌）人，初唐时期著名诗人，与王勃、杨炯、卢照邻合称"初唐四杰"。

这首诗是诗人在易水河畔送别朋友的时候，有感于当年燕太子丹在这里送别荆轲的悲壮故事而写下的一首诗。战国末期，秦国想吞并燕国，燕太子丹就派荆轲去行刺秦王。临行时，由于知道此行凶多吉少，太子丹和手下的门客都身着白衣到易水边为荆轲送行。此时，乐师高渐离奏起了悲壮的音乐，荆轲和着曲调唱道："风萧萧兮易水寒，壮士一去兮不复还！"听到的人无不落泪。音乐突然又变得慷慨激昂，听到的人无不怒目圆睁，怒发冲冠。荆轲唱罢，踏上马车飞驰而去，始终没有回头看一眼。

诗人骆宾王来到易水河畔送别友人，自然而然地想到了当年太子丹在这里送别荆轲的情景。虽然太子丹和荆轲都早已不在，但面前仍然是"风萧萧兮易水寒"的景象，不禁心生感慨。诗人在这里送别的到底是什么人，我们不得而知。那人未必就真的像荆轲一样以生命为代价去做一件几乎不可能成功的事情，但诗人和太子丹送荆轲时一样，也有着深深的凄怆之情，因为这次离别，不知道何日才能再相见。因此作者写下这首诗，一方面歌颂了荆轲的英雄事迹，另一方面也写出了送别友人时自己内心的悲凉。

易水送别

第六单元

盛德日新

中国古人的进取精神

◎ 旧邦新命
◎ 盛德日新
◎ 日新又新
◎ 不法常可
◎ 新德新知

商鞅变法

我们中华民族有五千多年的灿烂文明，通过历史上的许多事例，我们不难得出这样的结论，没有创新精神和变革精神，是不可能取得如此辉煌的成就的。历代的开明之士，都积极参与到推动社会变革的活动中来，春秋时期的商鞅就是其中的著名人物。

商鞅原来是卫国人，后来到了秦国。秦国当时落后于东方其他国家，在位的秦孝公是一个开明的君主，希望在政治上有一番作为。商鞅向秦孝公陈述了变法强国的革新主张，深受孝公赞赏。于是孝公开始任用商鞅进行改革。

商鞅的改革引起了许多守旧大臣的反对，但是商鞅并没有退缩。他不惧权势，当朝太子犯法，他惩处了太子的两个老师公子虔和公孙贾，在文武百官中建立了威信。在变法初期，由于不习惯新法，老百姓也反对变法。但三年之后，老百姓切实地感受到了变法的好处，就开始支持商鞅了。

商鞅大刀阔斧地进行了一系列改革。他废除了西周时留下来的"井田",把田间的大路也都铲平,种上庄稼。允许人们开荒,土地可以自由买卖,赋税按照各人所占土地的多少来负担。他还推行重农抑商、奖励耕织的政策,并统一度量衡。他还把全国的市镇和乡村合并起来,组织成郡县,由国家派官吏直接管理,这样一来,权力就更加集中了。他又废除贵族的世袭特权,老百姓只要有了战功,就可以封爵。为了便于向东发展,商鞅还劝说秦王把国都从原来的栎阳迁到渭河北面的咸阳(今陕西咸阳市东北)。

经过商鞅变法,秦国越来越富强,成了西北地区的霸主。后来,秦国一直按照商鞅的新法行事,始终保持着强大的发展势头。一百年之后,秦国成为当时最强的国家,消灭了其他诸侯,建立了统一强盛的秦王朝。

旧邦新命

文王在上,於^①昭^②于天。

周虽旧邦^③,其命^④维新。

《诗经·大雅·文王》

注解

① 於(wū):赞叹声。

② 昭:光明。

③ 旧邦:旧国。周自后稷开国,经历夏商两朝,因此称旧邦。

④ 命:天命。

《诗经名物图解》中的葫芦花

听老师讲

不断创新建周朝

这是《诗经》里歌颂周文王的话，意思是说：啊！伟大的周文王，您的神灵升上天，在天上光明显耀。周虽是古老的邦国，但上天赋予了它新的使命。

周原本是一个居住在豳（bīn）地的很小的部落，旁边有个叫狄的少数民族不断攻打周人，周人的首领古公亶（dǎn）父给他们送去皮毛、骏马和珍珠玉石，都不能阻止狄人贪得无厌的进攻。古公亶父就把部落里的老人召集来，对他们说："狄人想要的，不过是我们的土地。土地是用来养育人的，我不忍心让养育你们的东西害了你们。我带着你们离开这里，到新的地方去吧。"有的老人说："咱们世世代代居住在这里，一寸土地都不能给他们，要拼就拼个鱼死网破，怎能说走就走呢？"古公亶父说："现在我们还很弱小，抵抗会白白地送命，我怎能白白地让百姓送死呢？"部落的人们说："古公亶父真是个仁人，咱们都走吧。"于是古公亶父带着部落离开了豳地，到了岐山。到岐山后，在古公亶父的带领下，周人辛勤劳动，营造宫室，建设新的家园。部落呈现出一派兴旺的气象，逐渐壮大起来。

古公亶父死后，他的儿子季历继位。季历之后，姬昌继位，姬昌就是周文王，他为周的兴盛立下了不朽功勋。周文王上台后改革内政，采取了一系列改革措施。周文王所处的时代是商朝末期，那时奴隶主占有大量土地，很多平民没有土地耕作，因此经常发生社会动乱。周文王看到这种现象，就提出了一项平均地权的改革措施，即井田制。所谓"井田"，就是具有一定规划、面积和疆界的方块田。道路和渠道纵横交错，把土地分隔成方块，形状像"井"字，因此叫"井田"。长、宽各百步的方田叫"一田"，"一田"的面积为百亩，作为一个劳动力耕种的土地。井田为周王所有，由周王分配给百姓耕作，不得买卖和转让，百姓耕种井田，交纳一定的贡赋。井田制的实行，使老百姓都有地可耕，社会矛盾得到缓和。除了广泛地实行井田制以外，文王还实行了一系列省刑罚、薄赋敛、轻徭役、宽民力的改革措施。如商贾往来不收税，犯罪不连坐等。这些制度极大地调动了民众的生产积极性,得到了广大民众的拥护。

文王死后,他的儿子周武王姬发继位。周武王任用贤才,发展军队,使国家比文王时期更加强盛,过了几年,终于推翻了商朝,取而代之。

从这段历史我们可以看出,周朝的兴起,正是由于周人不为"旧邦"所限制,具有不拘一格的"其命维新"精神。

利簋铭文,记录了武王伐纣这一历史事件。

盛德日新

富有之谓大业，日新之谓盛德①。

《周易·系辞上》

注解

① 盛德：德的极盛。

传说周文王演绎八卦。

| 听老师讲

林则徐改诗

这句话的大意是：富有无缺就称为伟大功业，日日更新就称为德的极盛。

人们每天都能看到的新旧交替现象，莫过于圆了又缺、缺了又圆的明月了。月亮的变化总是能够引起人们的无限思考。

一天晚上，林则徐和女婿沈葆桢对月饮酒。这时候一弯新月升了上来，沈葆桢即席吟了两句诗："一钩足以明天下，何必清辉满十分。"林则徐听了，说道："虽然写得很好，但是还有不足之处。"就把原诗改了一个字，变成"一钩足以明天下，何况清辉满十分"。沈葆桢听了，连连点头表示佩服。

林则徐的改动，使这两句诗境界大变。沈葆桢满足于一弯新月，含有不思进取的意味，但是林则徐看到了新月必将变为满月，满月的光芒比新月还要明亮，所以他通过改诗，暗中规劝年轻的沈葆桢不要自得自满，要拓展自己的境界，这就是所谓"日新之谓盛德"。

林则徐本人也是一位勇于革新的政治家。

那时，清政府执行严格的闭关锁国政策，林则徐为了国家利益，积极了解外国情况，组织翻译西文书报，研究西方的政治、经济、军事思想，并且购置外国大炮，仿制外国军舰。历史学家称他为开眼看世界的第一人，后来的许多有识之士纷纷以林则徐为楷模，力图改变中国积贫积弱的面貌。经过一百多年的努力，中国终于摆脱贫穷落后，走向繁荣强盛。

中国古人从来不把世界看成静止不动的，他们从日月的运行出发，观察到宇宙是不断变化的，由此推及人类社会，认为社会也是要不断创新的。只有这样，才能体现出"生生之德"，人类社会才能不断发展。

日新又新

苟①日新,日日新,又日新。

《大学》

注解

① 苟:假如,如果。

赵孟頫所书《大学》

| 听老师讲

文彦博的红豆与黑豆

"苟日新,日日新,又日新"的大意是:如果一天能够更新,那么就要天天更新,并且永远保持更新。

古人绝不是像我们想象的那样,害怕变革,墨守成规,而是千方百计追求革新。《大学》在引用了"苟日新,日日新,又日新"之后,紧接着就说"是故君子无所不用其极",意思是说,君子使用一切方法追求革新。

据说,这句话是写在商朝开国君主商汤的洗澡盆上的,商汤一方面提醒自己每天洗涤污垢,保持卫生;另一方面,激励自己不断学习,洗涤思想的污垢和坏习惯,每天都做一个新鲜的自己。

我们都知道,宋朝的宰相文彦博小时候就很聪明,知道往树洞里灌水,使掉进去的皮球浮上来,可是很少有人知道他的另一个故事——红豆与黑豆的故事。为了督促自己不断进步,文彦博准备了两个瓶子,每天晚上检查自己的言行。如果做了一件好事,说了一句正确的话，就往一个瓶子里投入一颗红豆；如果做了一件错事，说了一句错话，就往另一个瓶子里投入一颗黑豆。过一段时间，他就把瓶子里的豆子倒出来数一数。开始的时候，黑豆总是比红豆多，文彦博就反省自己的所作所为，不断改进，剔除坏的习惯。又过了一段时间，红豆的数量渐渐赶上来，和黑豆一样多了。但是文彦博并不自满，仍然每天坚持学习、自省。后来，盛黑豆的瓶子渐渐空了，而盛红豆的瓶子渐渐满了。

  文彦博的"日新又新"的做法，使他保持了一种时时更新的心态。人们都喜欢穿新衣服，吃新鲜的食物，住新房子，电脑、手机也都愿意用新款的，那么，我们为什么不让自己的心灵每天也保持"新"的状态呢？只要保持更新的念头，我们就会每天生活在进步中，生活在希望中。

不法常可

圣人不期①修②古，不法③常④可⑤，论世⑥之事，因⑦为之备。

《韩非子·五蠹》

注解

① 期：期待，指望。
② 修：修治，习行。
③ 法：效法。
④ 常：恒常的，不变的。
⑤ 可：可行的，适当的。
⑥ 世：当世。
⑦ 因：根据。

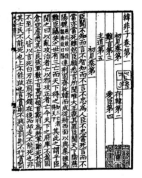

《韩非子》书影

| 听老师讲

赵武灵王胡服骑射

这句话出自《韩非子》,意思是说:圣人不希望一切都学习古代,不墨守一成不变的旧规,而是研讨当代的情况,据此采取相应的办法。

韩非的这篇文章传到秦国,秦王看到这里,不禁击节赞叹。因为韩非的学说和秦国的政策不谋而合,秦国正是一个不法常可的例子。春秋时期,秦孝公大胆起用商鞅进行改革,根据秦国的现状制定了一系列适宜的政策,使弱小的秦国强大起来。

在中国历史上,赵武灵王"胡服骑射"也是一个因为变革而强国的例子。赵武灵王即位的时候,赵国正处在衰落时期,在和他国的战争中,经常吃败仗,就连中山那样的邻界小国也经常来侵扰。

赵国地处北边,经常与林胡、楼烦、东胡等北方游牧民族接触。赵武灵王看到胡人穿窄袖短袄,生活起居和狩猎作战都比较方便。他们作战时用骑兵、弓箭,与中原的兵车、长矛相比,具有更大的灵活机动性。他对手下说:"北方游牧民族的骑兵来的时候像飞鸟,去的时候如射出去的箭,这样的部队驰骋疆场,哪有不取胜的道理?"

为了富国强兵,赵武灵王提出"着胡服,习骑射"的主张,决心取胡人之长补中原之短。中原文明比游牧民族历史悠久,中原人长期以来有一种优越感,因此让他们向胡人学习难度很大。"胡服骑射"的命令还没有下达,就遭到许多贵族的反对。公子成等人认为祖先留下来的制度不能改变,拒绝接受变法。赵武灵王驳斥他们说:"德才皆备的人做事都是根据实际情况采取对策的,怎样有利于国家就怎样去做。只要对富国强兵有利,何必拘泥于古人的旧法!"他以极大的勇气,发布并施行了"着胡服,习骑射"的政策。

赵国的国力逐渐强大起来,后来不但打败了经常侵扰赵国的中山国,而且向北方开辟了上千里的疆域。

秦国和赵国的故事启示我们,世界是发展变化的,故步自封只能被历史无情地淘汰。只有不断地革故鼎新,国家才能兴旺发达。

新德新知

芭蕉心尽展新枝,

新卷新心暗已随。

愿学新心养新德,

旋①随新叶起新知。

张载《芭蕉》

注解

① 旋:不久,很快地。

张　载

|听老师讲

张载自新

张载,世称横渠先生,是宋代著名的理学大师。他的这首诗描写了一个有趣的自然现象:芭蕉的主干是由叶子一层层包裹的。芭蕉要生长,叶子就要展开,这时叶芯就露出来了。等到它长出新枝来,新枝里又包含着没有打开的叶芯。张载说,他愿意像新的叶芯一样,培养新的品德,并且要像新长出的芭蕉叶一样,增加新的知识。

张载讲"养新德""起新知",并不是说空话大话,而是身体力行。张载二十一岁的时候,年轻气盛,非常自负。当时,范仲淹镇守延州,防范西夏的进攻。他赶去向范仲淹递呈了一篇文章,提出了许多军事建议,表示希望带兵收复失地。范仲淹看了之后,认为这个年轻人不可限量,但是毕竟知识和阅历都不丰富,就对他说:"作为读书人,儒家思想里自有深刻的道理,暂不必研究军事。"就指导他读书。张载受到了范仲淹的指点,学到了许多新东西。可是张载不满足,于是酝酿着第二次"养新德"和"起新知",他读了很多佛教的书,从宗教里汲取了有益的经验。但是最终,他觉得还是儒家的说法比较可靠,又返回读儒家的经典著作,这应该是他第三次"养新德"和"起新知"了。

张载的辛苦没有白费,他后来成为杰出的思想家,为后世留下了许多宝贵的精神遗产,他的名言"为天地立心,为生民立命,为往圣继绝学,为万世开太平",被称为"横渠四句",表达了读书人的宏伟抱负,一直为人们所传颂。

芭蕉的新枝年年长,新叶年年发,说明创新和自新都是没有止境的。芭蕉年年生长,是因为它的枝叶都有生命力,这是内在的原因;还因为它不断吸收土地和空气中的营养,这是外在的原因。前者就好比"新德",是产生"新知"的动力;后者就好比"新知",又是增长"新德"的源泉。同时拥有两者,才可以称得上真正的人才。

第七单元

格物致知

中国古代的发明与发现

- ◎ 候风地动仪
- ◎ 麻沸散
- ◎ 圆周率
- ◎ 造纸术
- ◎ 指南针

你必须知道的

四大发明

指南针、造纸术、火药、印刷术是我国古代的四大发明。

指南针是用以判别方向的一种仪器,其发明是古代先民对磁现象进行观察和研究的结果。魏晋南北朝时,中国人对磁石的性质已有了很多认识。北宋时,发明了人工磁化的两种方法。人们把经过磁化的钢针穿过几根灯草,放在一个盛满水的碗里,它就能浮在水上,为航船指明方向,这就是指南针。指南针的发明对于航海、军事和人们的日常生产、生活都产生了重要的影响。

造纸术是中华民族对世界文明的又一杰出贡献。东汉蔡伦在总结前人制造丝织品的经验的基础上,用树皮、麻头、破布、废渔网等做原料,制成了适合书写的植物纤维纸,才使纸成为普遍使用的书写材料。

火药是用硝石、硫黄和木炭这三种物质混合制成的,是古人炼制丹药的产物。火药是我国历史上的伟大发明之一,推进了世界历史的进程。

印刷术始于隋朝的雕版印刷，宋仁宗时的毕昇对印刷术进行了改进，发明了活字印刷术。印刷术是人类近代文明的先导，为知识的广泛传播、交流创造了条件。

四大发明是我国对世界文化的重要贡献，是我国古代劳动人民智慧的结晶。

木活字印刷的印刷母版

候风地动仪

阳嘉元年,复①造候风地动仪②。……验之以事③,合契若神④。自书典所记⑤,未之有也⑥。尝⑦一龙机发⑧而地不觉动,京师学者咸怪其无征⑨,后数日驿⑩至,果地震陇西,于是皆服其妙⑪。自此以后,乃令史官记地动所从方起⑫。

《后汉书·张衡传》

注解

① 复:又。
② 候风地动仪:世界上第一台观测和报告地震的仪器。它有八个方位,每个方位上均有一条口含铜珠的龙,在每条龙的下方都有一只蟾蜍与其对应。任何一方如有地震发生,该方向龙口所含铜珠即落入蟾蜍口中,由此便可测出发生地震的方向。
③ 验之以事:通过事实来检验候风地动仪的功效。
④ 合契若神:完全符合真实情况,好像有神灵一样。
⑤ 自书典所记:自从有典籍记录以来。
⑥ 未之有也:从来没有过。
⑦ 尝:曾经。

⑧ 一龙机发：候风地动仪上一条龙口的铜珠落下。
⑨ 怪其无征：奇怪这次地动仪报告的地震没有迹象。
⑩ 驿：驿站的使者。
⑪ 服其妙：佩服地动仪的精妙。
⑫ 记地动所从方起：按照候风地动仪的指引记载地震的方位。

地动仪

听老师讲

科学家张衡

这段文字大意是说：东汉顺帝阳嘉元年（132），张衡又制造了能够记录地震方位的候风地动仪。通过事实来检验地动仪的功效，完全符合真实情况，就像有神灵安排一样准确可靠。这种发明创造，从有典籍记录以来还从没出现过。有一次，候风地动仪上一条龙口的铜珠落下，但是京城洛阳的居民并没有感觉到地震，于是京

张衡《归田赋》（赵孟頫所书）

城学者都为地动仪报告的地震没有迹象而感到奇怪。过了几天,驿使来洛阳,报告陇西发生了地震,大家都佩服地动仪的精妙。从此以后,朝廷便命令史官按照候风地动仪的指引记载地震的方位。

张衡是东汉有名的科学家,他在天文、数学、地理、绘画和文学等方面都有非凡的才能。早在张衡之前,古书上就有大量关于地震的记载,张衡利用做太史令的机会,研读了古代的地震档案,制造出了世界上第一台观测地震的机器——地动仪。欧洲直到1880年才制成与此类似的仪器,比张衡的发明晚了一千七百多年。

张衡还是东汉中期"浑天说"的代表人物之一:他指出月球本身并不发光,月光其实是日光的反射;他还正确地解释了月食的成因。

张衡能取得这样伟大的科学成就,有人说是因为他生来就具有与众不同的发明创造天赋。其实,张衡在科学上取得的成就与他本人的勤奋好学有更深刻的联系。张衡自小刻苦勤学,很有文采。十六岁时,他来到京城洛阳，想进入太学拜求名师。按照当时的规定，要进太学必须有当地县令的推荐才行，张衡没有得到县令的推荐，就自己上门推荐自己。起初，太学的老师都不接纳他，他就每天一早来到太学门口毕恭毕敬地等待，虚心地向各位名师请教问题。慢慢地，老师们被他谦虚好学的精神打动了，就破格让他进了太学读书。从此以后，张衡的学问见识飞速增长，为日后那些伟大的发明创造打下了坚实的基础。

南阳张衡墓

麻沸散

若病结积在内①,针药所不能及,当须②刳③割者,便饮其麻沸散④,须臾⑤便如醉死无所知,因破取⑥。病若在肠中,便断肠湔洗⑦,缝腹膏摩⑧,四五日差⑨,不痛,人亦不自寤⑩,一月之间,即平复⑪矣。

《三国志·魏书·方技传·华佗》

注解

① 结积在内:集结、郁积在体内。
② 当须:必须。
③ 刳(kū):剖开。
④ 麻沸散:华佗创制的用于外科手术的麻醉药,现已失传。
⑤ 须臾:片刻之后。
⑥ 破取:剖开患处把病变部位割取出来。
⑦ 湔(jiān)洗:洗去污物。
⑧ 膏摩:抹上药膏。
⑨ 差:通"瘥"(chài),病好。
⑩ 寤:通"悟",察觉。
⑪ 平复:康复。

听老师讲

世界上最早的麻醉剂

这段话主要介绍了华佗使用麻沸散进行外科手术的情况。如果病患郁积在体内，针灸药力都不能抵达，必须剖开割除，就给病人喝下麻沸散，一会儿病人就如醉死一样，毫无知觉。于是开刀把病变部位割取出来。病患如果在肠中，就割开肠子病变部分，洗净，然后缝好腹部刀口，用药膏敷上。四五天后，病就好了，不再疼痛，病人自己也没有感觉到不舒服。一个月之内，伤口便愈合复原了。

华 佗

华佗是东汉时期的一位名医,他在医学上最为有名的创造就是麻沸散。关于华佗发明麻沸散的经过,有这样一个故事:华佗有一次行医时碰到一个奇怪的病人,他牙关紧闭,口吐白沫,双手攥拳,躺在地上不能动弹。华佗上前看他的神态,探他的脉搏,摸他的额头,一切都正常。他问病人过去患过什么疾病,病人的家属说:"他身体非常健壮,什么病都没有,就是今天误吃了几朵臭麻子花,才变成这样的。"华佗连忙说:"快找些臭麻子花拿来给我看看。"病人的家属把一棵连花带果的臭麻子花送到华佗面前,华佗接过闻了闻,看了看,又摘了朵花放在嘴里尝了尝,顿时觉得头晕目眩、满嘴发麻:"啊,好大的毒性呀!"华佗用清凉解毒的办法治愈了这个病人,临走时,除了一捆连花带果的臭麻子花,什么也没要。

从那天起,华佗开始对臭麻子花进行试验。他先尝叶,后尝花,然后再尝果和根。试验结果表明,果的效果最明显。华佗走访了许多医生,又收集了一些有麻醉作用的药物,经过多次试验,终于把麻醉药试制成功了。他又将麻醉药和热酒配制在一起,麻醉效果更好。华佗给这种麻醉药起了个名字——麻沸散。此后,华佗在做外科手术之前都会让病人先服下麻沸散,他的医术变得更加高明,治好的病人也更多了。麻沸散是世界上最早的麻醉剂。西方的全身麻醉外科手术的记录始于18世纪初,比华佗晚了一千六百余年。

除了华佗,我国古代医学史上还有两位值得我们铭记的重要人物:扁鹊和李时珍。扁鹊是战国时期的著名医生,姓秦,名越人,医术高明,于是人们就用传说中黄帝时代的名医扁鹊的名字来称呼他。他发明了"望、闻、问、切"四诊法,善于用针灸、按摩等手法来治疗病患。明代医药学家李时珍参考历代有关医药的学术书籍八百余种,结合亲身体验和调查研究,历时二十七年,编成《本草纲目》一书。这部书是我国明代以前药物学的总结性巨著,是我国药物学的宝贵遗产,对药物学的发展做出了重大贡献。

圆周率

宋末，南徐州从事史祖冲之更开①密法②，以圆径一亿为一丈③，圆周盈数④三丈一尺四寸一分五厘九毫二秒七忽⑤，朒数⑥三丈一尺四寸一分五厘九毫二秒六忽，正数⑦在盈朒二限之间⑧。密率⑨，圆径一百一十三，圆周三百五十五。约率⑩，圆径七，周二十二。

《隋书·律历上》

注解

① 更开：改进，创制。
② 密法：精确的办法。
③ 以圆径一亿为一丈：设定圆的直径为1丈。
④ 盈数：略大于实际数值的数字。
⑤ 三丈一尺四寸一分五厘九毫二秒七忽：3.1415927丈。
⑥ 朒（nù）数：略小于实际数值的数字。
⑦ 正数：精确的圆周率数值。
⑧ 二限之间：两个数值之间。
⑨⑩ 密率、约率：分别指表示圆周率的最佳、简略近似分数。

|听老师讲|

祖冲之的成就

这段文字大意是说:南朝刘宋末年,祖冲之创制了更加精确的开圆的方法,设定圆的直径为1丈,那么圆的周长的略大近似值就是3.1415927丈,不足近似值是3.1415926丈。精确的圆周率数值在这两个数值之间。表示圆周率的最佳近似分数是圆径113,圆周355。表示圆周率的简略近似分数是圆径7,圆周22。

祖冲之是南北朝时期杰出的数学家、天文学家和机械制造专家,他在许多方面都有突出的成就,其中

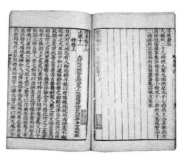

《隋书·律历上》书影

对圆周率的推算是他最大的贡献。早在一千五百年前，他就精确地把圆周率的取值范围确定在3.1415926和3.1415927之间，显示出他伟大的数学天赋，也表明中国人在数学领域很早就达到了世界先进水平。祖冲之计算出的这一圆周率取值范围要比西方早一千年。

祖家历代都对天文历法有所研究，祖冲之也是一位在历法上有所成就的专家。公元462年左右，他编制了《大明历》，并请求宋孝武帝颁布新历。孝武帝召集大臣商议。那时候，皇帝倚重的一个叫戴法兴的大臣出来反对，认为祖冲之擅自改变古历是离经叛道。祖冲之当场用他研究的证据反驳了戴法兴。戴法兴依仗皇帝宠爱他，蛮横地说："历法是古人制定的，后代的人不应该改动。"祖冲之严肃地说："你如果有事实根据，就只管拿出来辩论，不要拿空话吓唬人。"宋孝武帝想帮助戴法兴，找了一些懂天文历法的人跟祖冲之辩论，他们也一个个被祖冲之驳倒了。但是宋孝武帝还是不肯颁布新历。直到祖冲之去世十年之后，他创制的《大明历》才得以推行。

我国古代在数学上的成就还体现在《周髀算经》和《九章算术》这两部重要著作上。《周髀算经》被认为成书于公元前1世纪前后，它在数学上的主要成就是介绍了勾股定理及其在测量上的应用。《九章算术》被认为成书于西汉末东汉初（约公元1世纪），系统总结了战国、秦汉时期的数学成就，内容十分丰富。

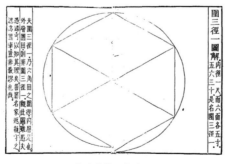

《周髀算经》书影

造纸术

自古书契①多编②以竹简；其用缣帛③者，谓之为纸。缣贵而简重，并不便于人。伦乃造意④，用树肤⑤、麻头及敝布⑥、渔网以为纸。

《后汉书·宦者列传·蔡伦》

注解

① 书契：书籍。契，雕刻，这里指写字。
② 编：编撰，这里当书写讲。
③ 缣（jiān）帛：质地细薄的丝绸。
④ 造意：提出某种主意、办法。
⑤ 树肤：树皮。
⑥ 敝布：破布。

蔡 伦

| 听老师讲

纸的改进

这段话介绍的是蔡伦对造纸术的贡献。上古时的书籍大多使用竹简作为书写材料；也有使用质地细薄的丝绸作为书写材料的，把丝绸叫作"纸"。但是，丝绸昂贵，竹简笨重，都不便于人们使用。蔡伦于是提出了改进造纸术的方法，他以树皮、麻头、破布和废渔网为原料，制造出了纸。

在古代欧洲，人们曾长期利用动物皮比如羊皮来书写；在古代中国，造纸术发明以前，甲骨、竹木简和丝

甲 骨

绸是用来书写的材料。竹木简比较笨重，据记载，秦始皇统一天下后，每天阅读的竹简奏章，重量在一百斤以上。丝绸虽然轻便，但是价格非常昂贵。到了汉代，经济、文化迅速发展，对书写材料的需求也越来越大。东汉和帝年间，宦官蔡伦担任尚书令，主管宫内御用器物的制造，他以树皮、麻头、破布、废渔网为原料，成功地造出了既轻便又经济的纸。为了纪念蔡伦的不朽功绩，当时的人们称这种纸为"蔡侯纸"。

传说蔡伦死后，他的徒弟孔丹又发明了对中国传统书画艺术有着重要意义的一种纸——宣纸。当时孔丹在皖南泾县（当时属宣州）以造纸为业，他很想造出一种理想的纸来为老师画像，以表达缅怀之情。他年复一年不断试验，始终未能如愿，心里十分苦闷。一天，他在峡谷溪边徘徊，偶然看见一棵古老的青檀树横卧溪上。由于流水终年冲洗，青檀树树皮腐烂变白，露出缕缕修长洁白的纤维。孔丹欣喜若狂，将其取来造纸，经过反复试验，终于成功。这种纸质地柔韧，洁白平滑，细腻匀整，色泽能长期保持不变，当时的地方官员年年把这种纸作为贡品献给朝廷。由于这种纸产于宣州,人们就把它称为宣纸。

纸的发明和改进是人类文明史上最辉煌的事件之一,是永远值得中国人自豪的文明成果。公元8世纪以后,造纸术开始经由阿拉伯传到西方各国。造纸术的发明与传播使文字载体的成本大幅度下降,知识得以在平民中普及,从而极大地推动了世界科技、文化和经济的发展。

古代造纸的过程

指南针

舟师①识②地理③,夜则观星④,昼则观日,阴晦⑤观指南针。

朱彧《萍洲可谈》

注解

① 舟师:船舶的驾驶人员,如水手、船长。
② 识:辨别,识别。
③ 地理:这里指海上的地理方位。
④ 夜则观星:晚上就通过观察星辰(如北斗星)来辨别方位,确定航向。
⑤ 阴晦:阴沉,昏暗。这里指阴天。

司 南

| 听老师讲

从指南车到指南针

这段文字告诉了我们北宋时指南针在航行中的应用情况。水手们到了海上,辨别航向的方法是:晚上观察星辰,白天观察太阳,阴云密布的时候就观察指南针。

指南针作为我国古代四大发明之一,其产生也许可以追溯到远古时候。传说黄帝和蚩尤带领各自的部落打仗,两军厮杀得难分难解,不可开交。不知蚩尤用什么方法弄出漫天烟雾,黄帝的军队在烟雾中不能

轩辕黄帝像

辨别东南西北，迷失了方向。在这危急时刻，黄帝命风后制造出指南车。在指南车的指引下，大军顺利前进，最终打败了蚩尤的军队。虽然这只是传说，但这个故事中的指南车展现了指南针的原始概念。南北朝时期的科学家祖冲之还曾试图复原过指南车。

有正式记载的指南工具出现在战国时期，叫作"司南"。司南是指南针的古老形式，其形状像一把勺子，是用天然磁石磨制的。把它放置在有二十四个方位刻度的罗盘上，勺把的顶端就会指向南方。到了宋代，指南针的技术已经比较成熟了，并且广泛运用于军事、生产及日常生活。

指南针这一发明后来经阿拉伯传入欧洲，对欧洲的航海业乃至整个人类社会的文明进程都产生了巨大影响。

第八单元

天人同庆

中国古代的节日文化

◎ 元　日
◎ 正月十五夜
◎ 苏堤清明即事
◎ 端　午
◎ 八月十五夜
◎ 九月九日忆山东兄弟

你必须知道的

为什么要过节

过节啦，过节啦！真令人高兴！为什么会有节日呢？根据考证，大部分传统节日一开始并不仅仅是为了令人高兴。

节日和人们的生产、生活有密切关系。例如"年"在《说文解字》中的意思是"谷熟"，也就是说，农作物的生长和成熟是年的标志。很多节日都是与节气密切相关的，也说明节日其实与早期的生产关系密切。

有些节日起源于原始崇拜。比如，"岁"在甲骨文中的形状就像一把斧子，当时"岁"既可以指一种用来砍东西、收割农作物的工具，也可以指一种在收获季节宰杀牲畜祭神的风俗。再比如，中国最典型的图腾崇拜是对龙的崇拜，因此便有端午节这天的龙舟竞赛活动。

还有一些以祭祖为起源的节日。典型的是怀念祖先、勉励后人的清明节。还有些节日起源于宗教信仰，如浴佛节。而各种各样的庙会便是由多神信仰而产生的节日。

这是为什么会有节日的基本原因,由此我们可以明白,节日能够理顺人与自然的关系,使人的行为符合自然规律;节日可以调整人与社会的关系,让人们有共同的话题和生活,有一种归属感;节日可以调整人与人的关系,亲戚朋友在节日里可以加强沟通,促进感情。

在漫长的历史过程中,节日有了更丰富的内涵。节日使人的心灵更超脱,体验到"历史的永恒"。例如,端午节这天,人们缅怀屈原,感受他那伟大的人格和高尚的精神,并受到熏陶和教育。

节日通过它们特有的仪式和内涵延续着文化和历史。在节日中,人们会更清晰地意识到自己所属文化的独特性,感受到这一传统的魅力和价值。

元 日①

王安石

爆竹声中一岁除②,

春风送暖入屠苏③。

千门万户曈曈④日,

总把新桃换旧符⑤。

注解

① 元日：农历正月初一。
② 一岁除：一年过去了。
③ 屠苏：古时候的风俗，每年除夕家家用屠苏草泡酒，吊在井里，元日取出来，全家老小朝东喝屠苏酒。
④ 曈曈：光辉灿烂。
⑤ 新桃换旧符：拿新门神换掉了旧门神。桃符是用桃木做成的，古时候每逢新年，家家户户都将两块代表门神的桃木板挂在大门上以避邪。

|听老师讲|

辞旧迎新的春节

这是一首表现春节喜庆、欢愉气氛的诗。诗的大意是：在阵阵鞭炮声中送走旧岁，迎来新年。人们迎着和煦的春风，开怀畅饮屠苏酒。旭日的光辉普照千家万户。新年来了，人们取下旧桃符，换上新桃符。

元日即农历正月初一，新年第一天。它是全年第一个节日。

每逢春节，出门在外的人大都不远千里赶回家中与家人团聚，海外华人也在此时共度佳节。春节是中华民族凝聚力的一种体现。

春节中激动人心的活动有：大年三十晚上守岁，人们大放爆竹，家家灯火辉煌，亲人围炉交谈，大人给小朋友压岁钱；子时（深夜二十三时至第二天凌晨一时）吃饺子，表示过了旧年至新年；还有贴春联、挂年画、舞狮子、耍龙灯、走亲访友等。

关于放鞭炮、贴对联、挂灯笼这些风俗，还有一个有趣的传说。相传古时候有一种叫"年"的野兽，原来是盘古的坐骑，在盘古逝去之后，它也销声匿迹了。但是每到农历十二月三十这天它便出来寻找食物，伤害人畜。有一次，"年"兽又跑了出来，跑到一个村庄里。正好有个牧童在甩牛鞭，发出"啪啪"的声音，"年"兽听到了很害怕，赶紧跑了。它来到另一个村子，看到有一户人家的门口晾了两件大红衣服，它又吓得落荒而逃。晚上，它来到第三个村子，看到家家户户的灯光，更加害怕，于是又逃跑了。于是人们知道"年"兽怕响、怕红、怕火，每到这个时候便放鞭炮、挂灯笼、贴红对联，吓唬"年"兽，"年"兽逃跑了便叫"过年"。

当然这都是传说，并非事实。过春节的时候，人们都要把自家的屋子打扫一遍，里里外外焕然一新，而且穿上新衣服，挂上红灯笼，张贴红对联，显得喜气洋洋，希望自己有一个好心情，以全新的面貌迎接未来的生活。

正月十五夜

苏味道

火树银花合,星桥①铁锁开②。

暗尘随马去,明月逐人来。

游伎③皆秾李④,行歌尽落梅⑤。

金吾⑥不禁夜⑦,玉漏⑧莫相催。

注解

① 火树、银花、星桥:都是指灯光,这里指的是元宵节的花灯。
② 铁锁开:大开城门,让游人自由出入。
③ 游伎:游玩的歌伎。
④ 秾(nóng)李:华美的李花,这里指歌伎们打扮得花枝招展。
⑤ 落梅:《梅花落》的曲调。
⑥ 金吾:掌管宫中及京城巡查警戒的官员。
⑦ 不禁夜:不禁止夜间通行。古代为保障夜间治安,禁止百姓夜间在外活动,称为宵禁。只有在元宵节等特殊的日子里才暂时"不禁夜"。
⑧ 玉漏:漏,古代计时器具。玉是形容质料的精致华美。

听老师讲

憧憬光明的元宵节

苏味道为初唐政治家、文学家,先后三度为相,达七年之久。青年时他与李峤、崔融、杜审言合称初唐文章四友。宋代"三苏"是他的后人。

这首诗描写长安城热闹非凡的元宵夜景。放眼望去,到处都是灯火辉煌。为了方便游人出入,四面城门大开。游人如潮,车马过处,尘土阵阵,到处都能看到明月当头。歌伎们打扮得花枝招展,边走边唱着《梅花

元宵观灯

落》的曲调。不知不觉便到了深夜时分，然而人们仍然怀着无限留恋的心情，希望这一年一度的元宵之夜不要匆匆地过去。

元宵观灯是中国的传统风俗。关于这一习俗的由来，还有一个有趣的传说。相传汉武帝时，宫中有一宫女名叫元宵，进宫以后十分想家，又因为不能在双亲跟前尽孝，十分惭愧，整日郁郁寡欢。东方朔恰巧碰到她，知道了她的心事，非常同情她，便答应想办法让她和家人团聚一天。东方朔打扮成一个算命先生，在长安街上摆了个占卜摊，所有来求卦的人得到的都是"正月十五火焚身"的签语。人们对此的解释是，正月十五这天，长安城会发生大的火灾。长安城里顿时人心惶惶。这件事很快便传到了汉武帝的耳朵里。汉武帝心中大惊，连忙求教于东方朔，东方朔说："听说火神君最爱吃汤圆，正月十五晚上可以让宫中的元宵姑娘做汤圆敬奉火神君。同时传谕臣民在十五晚上一起挂灯、放烟火，好像满城大火，这样就可以瞒过火神君了。再让城外百姓十五晚上进城观灯，显得嘈杂混乱，状似逃亡。"

汉武帝采纳了东方朔的建议。元宵的父母家人也在正月十五进城观灯，找到写着"元宵"字样的大宫灯，与自己的女儿团聚。长安城也果然平安无事，汉武帝大喜，便下令以后每年正月十五都做汤圆供奉火神君，全城挂灯放烟火。

这虽然是传说，但反映了我国人民向往团圆、憧憬光明的愿望。以灯为特色的元宵佳节表达了人们希望人间如明灯般辉煌的美好期待。而每年的正月十五之后，人们便结束娱乐休闲，满怀希望地开始各种工作。因此元宵节是春节的圆满句号。

汉武帝

苏堤清明即事

吴惟信

梨花风起正清明①,
游子寻春②半出城。
日暮笙歌收拾去,
万株杨柳属流莺③。

注解

① 清明:二十四节气之一。清明一到,气温升高,雨量增多,正是春耕的大好时节。清明节是我国传统节日,也是祭祖和扫墓的日子,在每年阳历的4月4日至6日之间。
② 寻春:春游,踏青。
③ 流莺:飞来飞去的黄莺。

|听老师讲

饮水思源的清明

这首诗描写了清明时节万物复苏,一派生机盎然的景象。春风吹拂着漫山遍野的梨花,人们纷纷出城踏青春游。夕阳西下,人们唱着歌往回走。黄莺鸟在杨柳树林中快活地飞来飞去。

每年清明节的时候,人们不但要春播、踏青,还要到祖先坟上去扫墓祭奠。

荡秋千是很多地方清明节的风俗。

清明时祭扫先人坟墓的习俗由来已久。唐代时政府下令，指出民间清明扫墓值得提倡。于是中国人代代相传，通过扫墓的活动来追思先人。

由于清明与寒食的日子接近，寒食就渐渐与清明合二为一了，而寒食既成为清明的别称，也便成为清明时节的一个习俗——不动烟火，只吃冷食。

关于清明和寒食，有这样一个感人的传说。

春秋时，晋献公的妃子骊姬为了让自己的儿子奚齐继位，设毒计谋害太子申生，申生被逼自杀。申生的弟弟重耳为了避祸，流亡出走。流亡生涯十分艰辛，原来跟着他一道出奔的臣子，大多陆陆续续地各奔出路去了，只剩下少数几个忠心耿耿的人，一直追随着他。其中一人叫介子推。有一次，重耳饿晕了过去。介子推为了救重耳，从自己腿上割下了一块肉，用火烤熟了送给重耳吃。

十九年后，重耳回国做了君主，就是著名的"春秋五霸"之一的晋文公。晋文公执政后，对那些和他同甘共苦的臣子大加封赏，唯独忘了介子推。有人在晋文公面前为介子推叫屈，晋文公猛然忆起旧事，心中有愧，马上差人去请介子推上朝受赏。可是，差人去了几趟，介子推都不来。晋文公只好亲自去请。然而，当晋文公来到介子推家时，只见大门紧闭。介子推不愿见他，已经背着老母躲进了绵山。晋文公派人上绵山搜索，也没有找到。于是，有人出主意说，不如放火烧山，三面点火，留下一面，大火起时介子推会自己走出来的。晋文公于是下令烧山，没想到大火烧了三天三夜，还是不见介子推出来。人们上山一看，介子推母子俩抱着一棵烧焦的大柳树，已经死了。

晋文公复国图

在安葬介子推时，人们发现了一片写有血字的衣襟，意思是说，自己愿意为晋文公而死，只希望晋文公为政清明，他也就死得其所了。

晋文公悲伤无比。他将血书藏入袖中，然后把介子推和他的母亲安葬在那棵烧焦的大柳树下。为了纪念介子推，晋文公下令把绵山改名为"介山"，在山上建立祠堂，并把放火烧山的这一天定为寒食节，通令全国，每年这天禁烟火，只吃寒食。

第二年，晋文公领着群臣，素服徒步登山祭奠，表示哀悼。那棵老柳树绿枝千条，随风飘舞。晋文公敬重地走到跟前，珍爱地掐了一根柳枝，编了一个圈儿戴在头上。祭扫后，晋文公把复活的老柳树赐名为"清明柳"，又把这天定为清明节。

这个故事是否是清明节的真实起源并不可考，不过，它体现出的"饮水思源、慎终追远"的传统美德与清时节的习俗完全契合。通过扫墓祭祖，人们表达了对先人的尊重和思念，并在共同追思中形成家族凝聚力。

端　午

文　秀

节分端午^①自谁言，

万古传闻为屈原^②。

堪笑^③楚江^④空渺渺，

不能洗得直臣冤。

注解

① 端午：指端午节，每年农历五月初五为端午节。
② 屈原：战国时期楚国大臣，他忠于国家，因楚怀王听信奸臣谗言而被流放。后来投汨罗江殉国。
③ 堪笑：可笑。
④ 楚江：这里指汨罗江。

|听老师讲|

端午思屈原,重温爱民情

这首诗的意思是:端午节是怎么来的呢?自古以来传说端午节是为了纪念屈原。可笑的是,即便是浩渺的汨罗江,也不能洗刷屈原这位忠心耿耿的大臣的冤屈。

这里讲到了端午节的来历。屈原是楚怀王时期的大臣,他忠正耿直,却受到奸臣们的排挤。楚怀王听信奸臣的话,渐渐疏远屈原,最后把他流放了。屈原在被流放时看到了人民生活的疾苦,同时因对楚国政治的腐败无能为力而感到悲愤。在楚国都城郢被秦国攻破后,屈原便投入汨罗江殉国了。这一天正好是农历五月五日。

楚国人为失去了这样好的大臣而感到悲伤。当地百姓怕水里的鱼或蛟龙等损坏屈原的遗体,一方面敲锣打鼓,驱赶它们,一方面将米投入江中,祭奠屈原。

东汉时,有个叫欧回的人说自己在梦中遇到了屈原,屈原告诉他:"多年来你们祭奠我的米都让鱼龙吃掉了。今后你们要用楝叶或芦苇叶将米包好,再用五彩丝缠好,因为蛟龙害怕这些东西。"后来人们便用楝叶或芦苇叶包粽子，并用五彩丝缠好。这个风俗就从汨罗一带流传下来了。

端午节，原来叫端五节。端，开始的意思。端五，指五月的第一个五日。"五"与"午"通，"五"又为阳数，故端午又名端五、重五、端阳、中天等，它是我国汉族人民的传统节日。端午节的习俗除了吃粽子、赛龙舟外，还有挂菖蒲、艾叶，薰苍术、白芷，喝雄黄酒等。

原来，端午节前后，天气越来越热，湿气逐渐加重，易滋生蚊虫，而菖蒲艾叶可以有效驱蚊，白芷雄黄可以除湿解毒，这些都是端午时节对人体保健很有益处的事物。时间久了，它们就被赋予了驱邪避灾的意义。

艾 叶

八月十五夜

杜 甫

满月飞明镜,归心折大刀①。

转蓬②行地远,攀桂③仰天高。

水路疑霜雪,林栖见羽毛。

此时瞻白兔,直欲数秋毫④。

注解

① 折大刀:大刀头上有个圆环,"环"与"还"同音。"折大刀"即折断了大刀头上的环,隐喻不能还乡。
② 转蓬:一种野草,据说会随风飘转,故曰转蓬。
③ 桂:桂树,桂枝。传说月亮上有棵桂树。
④ 秋毫:兽类到秋天就会换上细密的毛,准备过冬。古人用"秋毫"形容极其细微的事物。

听老师讲

希冀圆满丰收的中秋

这首《八月十五夜》是诗人杜甫避乱蜀中时写的,用象征团圆的农历八月十五的月亮反衬自己漂泊异乡的羁旅愁思。诗的大意是:一轮满月犹如飞升在空中的明镜,谁不睹月思乡呢,可是我回乡的心愿难以实现。我像秋天随风飘转的野草一样越走越远,月中的桂枝又是那么高不可攀。月色多么明亮,照在水面上就像霜雪一样。在明亮月光朗照下,几乎可以看得见栖息在林中的鸟儿的羽毛和白兔身上最细的毫毛了。

农历七、八、九三个月是秋季,八月是秋季的第二个月,因此称为"仲秋";而八月十五又正处于秋季的中间,因此称"中秋节"或"仲秋节"。这一天晚上,一轮满月分外明亮,中国人将其视为团圆的象征。

人们在这一天吃月饼,赏明月,祈盼丰收,渴望团圆美满。离家在外的游子与家人远隔千里,却共赏一轮明月,希望明月来传达相思之情。

关于中秋节,有一个浪漫而动人的传说。

相传，远古时候，天上突然出现了十个太阳，直烤得大地冒烟，海水枯干，老百姓眼看活不下去了。

这件事惊动了一个名叫后羿的英雄，他登上昆仑山顶，运足神力，拉开神弓，一气射下了九个多余的太阳。

后羿立下盖世神功，受到百姓的尊敬和爱戴，不少志士慕名前来拜师学艺。奸诈刁钻、心术不正的蓬蒙也混了进来。

后羿有个美丽善良的妻子，名叫嫦娥。后羿除传艺狩猎外，终日和妻子在一起，人们都羡慕这对郎才女貌的恩爱夫妻。

一天，后羿到昆仑山访友，巧遇由此经过的西王母，便向西王母求得一包不死药。据说，服下此药，能即刻升天成仙。

然而，后羿舍不得撇下妻子，就暂时把不死药交给嫦娥保管。嫦娥将药藏进梳妆台的百宝匣里，不料被蓬蒙看到了。

三天后，后羿率众徒外出狩猎，心怀鬼胎的蓬蒙假装生病，留了下来。待后羿走后，蓬蒙手持利剑闯入内宅后院，威逼嫦娥交出不死药。

嫦娥知道自己不是蓬蒙的对手，她当机立断，转身打开百宝匣，拿出不死药一口吞了下去。嫦娥吞下药，身子立时飘离地面，冲出窗口，向天上飞去。由于嫦娥牵挂着丈夫，便飞落到离人间最近的月亮上成了仙。

傍晚，后羿回到家，侍女们哭诉了白天发生的事。后羿捶胸顿足，悲痛欲绝。

伤心的后羿仰望着夜空呼唤爱妻的名字。这时他惊奇地发现，今天的月亮格外皎洁明亮，而且有个晃动的身影酷似嫦娥。后羿急忙派人到嫦娥喜爱的后花园里摆上香案，放上她平时最爱吃的蜜饯鲜果，遥拜在月宫里眷恋着自己的嫦娥。

百姓们听说嫦娥奔月成仙的消息后，纷纷在月下摆设香案，向善良的嫦娥祈求吉祥平安。从此，中秋节拜月的风俗在民间传开了。

九月九日忆山东兄弟

王 维

独在异乡为异客,
每逢佳节倍①思亲。
遥知兄弟登高②处,
遍插茱萸③少一人。

注解

① 倍：更加。
② 登高：农历九月九日重阳节，民间有登高避邪的习俗。
③ 茱萸：一种芸香科植物，夏天开花，秋天结果，气味辛香浓烈。传说重阳节扎茱萸袋，登高饮菊花酒，可以避灾。

听老师讲

祈求健康长寿的重阳

这首诗既描写了重阳节的风俗习惯,又抒发了作者的怀乡之情。独自流落他乡,长做异地之客,每逢佳节良辰,越发思念亲人。远在家乡的兄弟此日登高,遍插茱萸,发觉唯独少我一人。

农历九月九日为重阳节。古代以九为阳数,九月九日中有两个九,故称重阳,又叫重九。早在战国时代,

《九月九日忆山东兄弟》诗意图

中国人就把重阳这一天当作一个好日子。魏晋以后，人们都习惯在这一天登高游玩，佩戴茱萸，赏菊饮酒，一来亲朋好友一起聚会，二来登山锻炼身体。

关于重阳节，有这样一个传说。

东汉时，汝南县有一个叫桓景的农村小伙子，父母双全，妻子儿女一大家。日子虽然不算好，半菜半粮也能过得去。谁知有一年，汝河两岸闹起了瘟疫，家家户户都有人病倒，尸首遍地没人埋。这一年，桓景的父母也都病死了。

死里逃生的桓景决心战胜瘟疫，为民造福。他听说东南山中住着一个名叫费长房的高人，就收拾行装，起程进山拜师学艺。桓景拜师后，刻苦勤奋，钻研本领，进步很大，经常受到师父的称赞。

不知不觉几年过去了。这天，桓景正在练剑，费长房走到他跟前说："今年九月九，汝河又会发生瘟疫灾害。你赶紧回乡为民除害。我给你茱萸叶子一包，菊花酒一瓶，你带领家乡父老登高避祸。"

桓景不敢耽误，赶紧回到家乡，召集乡亲，把师傅的话跟大伙儿说了。九月九那天，他领着妻子儿女、乡亲父老登上了附近的一座山。他把茱萸叶子给每人分了一片，随身带着，又把菊花酒倒出来，每人喝了一口，说喝了菊花酒，不染瘟疫之疾。

几天后，人们回到村里，发现没有带走的禽畜都染上瘟疫死掉了，躲到山上并按桓景的说法做的人一个也没染上瘟疫。从此以后，人们便在九月九日那天佩茱萸，饮菊花酒，登高保健康。

从这个传说可以看出，过重阳节表达的是人们对健康长寿的期盼。茱萸是一种中药，它的茎、叶、果实都可以当药，能驱蚊杀虫，祛风除湿，消除积食，防止传染病。用菊花酿成的酒也可以延年益寿。登高则可以强身健体。

现在的重阳节被赋予了新的含义。1989年，我国把每年农历九月九日定为老人节，传统与现代巧妙地结合，使这一天成为尊老、敬老、爱老、助老的节日。

"九"与"久"同音,又是最大的个位数,有长久长寿的含意,况且秋季也是一年收获的黄金季节,重阳佳节,寓意深远。

九月菊花会

第九单元

师法自然

中国古代艺术的自然神韵

- ◎ 张旭善草书
- ◎ 别构灵奇
- ◎ 饮　酒
- ◎ 伯牙学琴
- ◎ 虽由人作，宛自天开

艺术宝库莫高窟

莫高窟俗称千佛洞,位于河西走廊西端的敦煌。

莫高窟对面是三危山。据史书记载,前秦建元二年(366),僧人乐僔路经此山,忽见金光耀眼,好像有千万尊佛像一齐出现,于是他在岩壁上开凿了第一个洞窟,用来供佛修行。后来人们开凿的洞窟越来越多。莫高窟的建设集中于佛教兴盛的北魏、西魏、北周和"丝绸之路"繁荣的隋唐时期。元朝以后,随着"丝绸之路"的废弃,莫高窟也停止了兴建并逐渐湮没于世。晚清道士王圆箓在莫高窟发现了藏经洞,洞内藏有经卷、文书和其他文物四万多件,引起了世人的瞩目,同时莫高窟也遭到了偷盗和破坏。

莫高窟现存的壁画和雕塑大体可分为以下几个时期:北朝、隋、唐、五代宋初、西夏、元。唐代是莫高窟的全盛期,艺术上的代表为壁画中随处可见的飞天仙女形象。飞天是侍奉佛陀和帝释天的神,能歌善舞。壁画中飞天姿态自由灵动,面容优美安详,画家用笔线条曲折舒展，色彩艳丽，是中国古代艺术中的瑰宝。数千尊彩塑形态各异，栩栩如生，反映了不同时期对佛教不同的理解和当时人们的风俗面貌。如中唐时期制作的第79窟菩萨像，呈半跪坐式，头梳唐代平民的发式，眉宇间点了一颗印度式红痣，脸庞、肢体肌肉圆润，符合当时的审美标准。

莫高窟现存北魏至元代的洞窟735个，有壁画4.5万平方米、泥质彩塑2415尊，具有巨大的文化、艺术和历史价值，堪称世界最大的艺术宝库之一。

敦煌莫高窟壁画飞天

张旭善草书

张旭①善草书……观于物,见山水崖谷,鸟兽虫鱼,草木之花实,日月列星,风雨水火,雷霆霹雳,歌舞战斗,天地事物之变,可喜可愕,一②寓于书,故旭之书变动犹鬼神,不可端倪③,以此终其身而名后世。

韩愈《送高闲上人序》

注解

① 张旭:苏州吴郡(今江苏苏州)人,善于写草书,被称为"草圣"。
② 一:全,都。
③ 端倪:头绪,边际。"不可端倪"是说张旭草书变幻莫测,令人无法揣度。

| 听老师讲 |

"书"源造化

这段话出自唐代韩愈《送高闲上人序》，大意是：张旭善于写草书，他观察世间万物，看到山水崖谷、鸟兽虫鱼、草木的花果等自然景观，看到日月星辰、风雨水火、雷霆霹雳等自然现象，看到歌舞战斗等人类活动，感觉到天地间万事万物的变化，或叫人欢喜，或叫人惊愕，于是都在书法中体现出来，所以张旭的书法就像鬼神一样变幻莫测，他也因此闻名后世。

我国古代的书法家、艺术家很早就认识到向自然学

张旭草书

习的重要性，他们把自然精神融入到艺术创作中去。根据《晋书·王羲之传》和《太平御览》等史料记载，东晋"书圣"王羲之非常喜爱鹅，自己养了很多鹅，而且听说哪里有好鹅，就必求之而后快。传说他正是通过观察鹅掌拨水的姿势，悟出了书法运腕的技巧奥秘。值得说明的是，古代艺术家观察的自然，不仅包括山川河流、日月星辰、花鸟草木，也包括万物灵长人类的活动。唐人李肇《国史补》记载，张旭谈到自己学习书法的经验时说："始吾闻公主与担夫争路，而得笔法之意；后见公孙氏舞剑器而得其神。"意思是，开始我听说公主与挑夫争路走，就悟得了笔法的意境；后来看到公孙大娘舞剑，就悟得了笔法的神韵。在书法家的眼里，鹅的拨水嬉戏也好，人的争斗舞蹈也好，一动一静，一进一退，都源于自然赋予的本性，符合自然运行的机制。通过观察这些，就可以悟出自然的精神；运用到书法艺术中去，就能够赋予艺术以神韵和灵魂。

如果说画家必须观察自然，这还好理解；书法作为一门不直接临摹外物的抽象艺术，为什么也要观察自然呢？其实，古人的这一艺术思想，来源于他们对自然的体悟。他们认为自然的运行生生不息，万事万物包括人类的诞生、活动、发展，无一不是自然运行的体现。因此，艺术也不例外，只有把自然的精神融入进去，才是好的艺术、有生命力的艺术。可是自然的精神是抽象的，不能直接观察到；要体悟和融会自然的精神，就必须观察体现这一精神的万事万物。因此，古代艺术家观察自然，并不是表面地、浅层地去模拟自然界中事物的外形，而是要去体悟其中深层的精神和灵魂。

书圣王羲之

别构灵奇

　　山川草木,造化①自然,此实境也。因②心造境,以手运③心,此虚境也。虚而为实,是在笔墨有无间,故古人笔墨具此山苍树秀,水活石润,于天地之外,别④构一种灵奇。或率意挥洒,亦皆炼金成液,弃滓⑤存精⑥,曲尽蹈虚揖影之妙。

方士庶《天慵庵随笔》

注解

① 造化：创造化育,也指天地、自然界。
② 因：依据,随顺。
③ 运：运用。
④ 别：另外。
⑤ 滓：渣滓。
⑥ 精：精华。

| 听老师讲

"画"夺天工

这段话出自清方士庶《天慵庵随笔》，大意是：山水草木这些自然界的事物，是实有的境界。从心灵出发去创造境界，通过手的描绘来表现心灵的创造，是虚构的境界。要使虚构的境界能够描绘和表现实有的境界，这就在笔墨运用的有无之间。因此，古人的画就有了山的苍茫，树的秀丽，水的流动，石的润泽，在天地实物之外，另外构造出一种空灵奇妙的境界。或者率性随意地泼墨挥洒，也都能够像把金属炼烧成液态，从中去掉

在天地实物之外，另外构造出一种空灵奇妙的境界。

渣滓、保留精华一样，尽得从虚空中幻化真实的妙处。

著名美学家宗白华认为，"中国绘画的整个精粹在这几句话里"。无独有偶，唐朝画家张璪也主张艺术应是自然与心灵的统一，他提出"外师造化，中得心源"的艺术思想，意思是画家向外应当以大自然为师，向内应当把心灵的感悟作为源泉。中国绘画在审美上一直强调虚实相生，这种主张不仅体现在绘画格局上要有留白，不能太实太满，更体现在对绘画与自然关系的理解中。画作中的形象未必世间实有，而是画家用妙手来表现心灵的创造，它们取自实境，又高于实境，其中融会着画家的情思。

唐朝诗人、画家王维作《袁安卧雪图》，在雪里画上了夏天才有的芭蕉，他还经常把桃、杏、芙蓉这些时令不同的花卉画在同一幅画里。有人指出王维的画违背时令、不合自然，宋人沈括在《梦溪笔谈》里却说，王维的画，心灵有所流露，随手用高超的技巧表现出来，就成为一幅作品，因此出神入化，深度契合了自然天意，这一点是无法和那些只会在时令细节上斤斤计较、不懂艺术真谛的俗人讨论的。后人也都公认王维在诗画上的地位，赞扬他"诗中有画，画中有诗"，认为他的雪中芭蕉富有诗意和禅意，不仅不是失败之作，而且还是神来之笔。由此可见，中国绘画主张得自然之神韵，强调心灵对艺术的加工，并不主张对自然的机械模仿，与西洋油画追求写实逼真旨趣迥异。

芭蕉献绿是夏天才有的景象。

饮 酒

陶渊明

结庐①在人境②,而无车马喧③。

问君④何能尔⑤?心远地自偏⑥。

采菊东篱下,悠然⑦见南山。

山气⑧日夕佳,飞鸟相与还⑨。

此中有真意,欲辨已忘言。

注解

① 结庐:构室,建造房屋。

② 人境:人间。

③ 车马喧:车马喧闹。这里指与世俗交往。

④ 君:陶渊明自称。

⑤ 尔:如此。

⑥ 心远地自偏:"心远"与"地偏"相对,结庐之地本不偏,因为自己的心远离世俗,所以地自然就偏僻了。

⑦ 悠然:悠远、闲适的样子。

⑧ 山气:山间的云气。

⑨ 相与还:结伴还山。

|听老师讲|

"诗"法自然

这首诗是晋陶渊明《饮酒》组诗中的第五首,大意是:我把茅屋建造在人烟之地,却没有车马喧闹。人家问我为什么能这样,那是因为我的心境玄远,所在的地方自然也就远离尘嚣。我在东篱下采摘菊花,悠然之中看见远处的南山。夕阳斜照的时候,山霭流动,

采菊东篱

景色真是美好，天空中的飞鸟也纷纷结伴返巢。我感到这其中有非常本真的意义，想要说出来，却忘了怎么说。

《饮酒》组诗是陶渊明最后一次辞官归隐后所作，表现了他对人生的种种思考和体验。在这首诗里，他写下了对心灵和自然的关系的感悟。陶渊明隐居，并没有像传说中的世外高人那样，逃避到荒无人烟的深山老林里，而是把茅屋建造在普通人居住的地方。那么他为什么不会像普通人那样感受到闹市的嘈杂烦扰呢？这是因为他的心灵有高远的追求，超越了世俗的烦扰。别人把注意力集中在车水马龙的繁华喧闹上，他却能发现和关注自然的美景，看到菊花、南山、烟霭、夕阳、飞鸟等非常美好的事物。不仅如此，他还能用心体悟这里头蕴藏的"真意"，也就是关于自然和本真的哲理，这种感悟是无法用语言描述出来的。在这里，陶渊明把自然和心灵提到了同样的高度。他所说的自然，已经超越了现实世界的物质形态，带有"道"的色彩，而只有人的心灵才能够发现自然的美好，体悟自然的真理，并赋予自然以诗意。除此之外,外界的喧闹、人的语言,这些都是低层次的形式的东西,既无法干扰,也不足以描述和表现自然和心灵。

陶渊明不仅在诗歌的思想内容上崇尚回归自然,在诗歌的创作方法和风格上也追求自然。金朝诗人元好问评价陶渊明的诗说:"一语天然万古新,豪华落尽见真淳。"中国的诗歌一向非常推崇自然美,梁朝文学理论家钟嵘《诗品》主张,诗要"自然英旨"。他批评齐梁文坛上的靡丽文风,认为伤害了作品的真美。这种观点一直为世人普遍接受,后世一些诗论也以"自然""天

陶渊明倚杖漫步。

籁"作为诗的最高艺术境界。比如王安石认为,李白诗的风格,好就好在"清水出芙蓉,天然去雕饰"。其实,这种审美观正是古人"师法自然"的思想在诗歌创作和评价中的体现。明朝文学家袁宏道在《叙竹林集》中说:"善为诗者,师森罗万象,不师先辈。"意思是,善于写诗的人,是向包罗万象的自然学习,体悟其中的精神和灵魂,而不是去机械地学习和模仿前人。

《诗品》书影

伯牙学琴

伯牙学琴于成连，三年而成。至于精神寂寞，情之专一，未能得也。成连曰："吾之学不能移①人之情，吾师有方子春，在东海中。"乃赍粮②从之。至蓬莱山，留伯牙曰："吾将迎吾师。"刺船而去，旬③时不返。伯牙心悲，延颈④四望，但闻海水汩⑤波，山林窅冥⑥，群鸟悲号。仰天叹曰："先生将移我情！"乃援琴而作歌云："繄⑦洞渭兮流澌濩⑧，舟楫逝兮仙不还。移形素兮蓬莱山，欹⑨钦伤宫仙不还。"

《琴苑要录》

注解

① 移：改变。
② 赍（jī）粮：带着粮食。
③ 旬：十天。
④ 延颈：伸长脖颈。
⑤ 汩（gǔ）：水流的样子。
⑥ 窅（yǎo）冥：深远难见的样子。
⑦ 繄（yī）：句首语气词。
⑧ 流澌（sī）濩（huò）：海水涌动发出浪涛声。
⑨ 欹（wū）钦：悲叹。

听老师讲

"乐"追天籁

这段话出自宋代《琴苑要录》一书,大意是:伯牙向成连学习弹奏古琴,三年学成,却没有能够达到精神寂寞、情志专一的境界。成连对他说:"我的学问还不足以改变别人的感情,我有个老师叫方子春,住在东海之中。"伯牙于是带着粮食跟随成连前往东海。到了蓬莱山,成连让伯牙留下,说:"我要去迎接我的老师。"划着船就离开了,过了十天还没有回来。伯牙心里感到非常伤悲,伸长脖子四处观望,只听到大海波涛滚滚,山

临流抚琴图

林幽深，成群的鸟儿发出悲鸣。伯牙仰天叹息道："先生要改变我的感情了！"于是拿过琴弹奏起来，唱道："大海广阔啊波浪滔滔，小船一去啊仙人不还。情怀改变啊在蓬莱山，悲叹声声啊仙人不还。"

我国音乐家历来把自然和心灵作为音乐创作的灵感来源，把心灵与自然的契合视为达到音乐艺术最高境界的必要条件。明李贽在《琴赋》中说："琴者心也，琴者吟也，所以吟其心也。"就是说琴声是心灵的表达，是通过音乐来表现人的心灵。我们又常常把最优美动听的音乐称为"天籁"，意思是像大自然的声音一样，可见在传统审美里，音乐的最高境界正是要与自然契合。既然音乐是心灵的表现，其最高境界是与自然契合，那么要达到这样的境界，当然必须做到心灵与自然契合了。在伯牙学琴的故事里，伯牙由于在孤寂中受到大自然的震撼，整个心灵经受了洗涤和改造，与大自然产生了强烈的共鸣，完成了他对音乐美的感受和创造，达到了音乐艺术的最高境界。

虽由人作，宛自天开

凡结林园，无分村郭，地偏①为胜，开林择剪蓬蒿；景到随机，在涧共修兰芷。径缘三益②，业拟千秋③。围墙隐约于萝间，架屋蜿蜒于木末。山楼凭远，纵目皆然；竹坞寻幽，醉心即是。轩楹高爽，窗户虚邻，纳千顷之汪洋，收四时之烂漫。梧阴匝地，槐荫当庭，插柳沿堤，栽梅绕屋。结茅竹里，浚④一派之长源；障锦山屏，列千寻⑤之耸翠。虽由人作，宛自天开。

计成《园冶》

注解

① 地偏：此处指隔离市街喧闹繁杂的所在。
② 三益：一说松竹梅为"岁寒三友"，又说梅竹石为"三益之友"。
③ 千秋：千年，久远。
④ 浚（jùn）：疏通。
⑤ 寻：古代长度单位，一寻等于八尺。千寻是夸张的说法。

听老师讲

"园"尚天开

这段话出自明代计成的《园冶》，大意是：大凡建造园林，不管农村还是市镇，地处偏僻最好，可以开辟树林，有选择地芟剪蓬蒿野草；景观的构造要顺随环境，在水涧边就可以种植兰花和芷草。园子里的小路要开在梅、竹、石等清雅超脱的花木山石之中，园子的建造要像流传千秋的事业那样来做。围墙被藤萝掩映，若隐若现；屋脊在树梢间曲折蜿蜒。山上建起小楼，凭栏

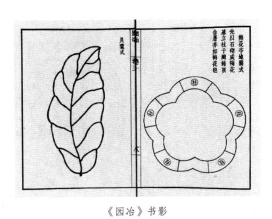

《园冶》书影

远眺，一切尽收眼底；竹林深处寻找幽静之所，到处令人陶醉。屋檐和楹柱高大明朗，窗子和门通透敞亮，透过它们能看到千顷汪洋的湖水、四季烂漫的花草。遍地是梧桐的树荫，庭院当中是槐树的树荫，沿着堤岸插上柳树，围绕房屋种上梅花。在竹林里搭建茅屋，疏浚开长长的溪流；将似锦的青山作为屏障，苍翠高耸的山峰围列四周。虽然是人为建造的园林，却仿佛是天然生成一样。

明朝是园林艺术迅速发展的时代，计成的《园冶》是我国第一部园林艺术理论专著，为后世的园林建造提供了理论框架以及可供模仿的范本。在这段话里，作者不仅列出了园林建造的一些具体操作性建议，更重要的是提出了园林建造的艺术思想和审美原则，即"景到随机""虽由人作，宛自天开"。这一思想原则，强调园林要与自然环境相和谐，达到与自然融为一体、不分彼此的境界。

《红楼梦》第十七回写大观园建成，贾政认为稻香村气象清幽，宝玉却认为它还不如富贵气象的"有凤来仪"。贾宝玉说:"在这里建一座田庄,分明就是人工矫揉造作的结果。远处没有邻村,近处也不靠城郭,背后的山没有山脉,临近的水又没有源头,高处没有遮掩寺庙的高塔,低处没有连通街市的桥梁,突兀孤立,不成大观。怎么比得上先前几个地方有自然的道理,得到自然的气韵?"曹雪芹正是从自然的角度出发,以贾宝玉强调自然和谐、反对造作的审美品位与贾政附庸风雅的官僚趣味形成对比,高下立判,突出了贾宝玉的本真和性灵。文中所论述的"有自然之理,得自然之气"的园林建造审美原则与《园冶》一脉相承。

拙政园的水廊

博物文库

博物学经典丛书

1. 雷杜德手绘花卉图谱　　　　　　　　　〔比利时〕雷杜德
2. 玛蒂尔达手绘木本植物　　　　　　　　　〔英〕玛蒂尔达
3. 果色花香——圣伊莱尔手绘花果图志　　　〔法〕圣伊莱尔
4. 休伊森手绘蝶类图谱　　　　　　　　　〔英〕威廉·休伊森
5. 布洛赫手绘鱼类图谱　　　　　　　〔德〕马库斯·布洛赫
6. 自然界的艺术形态　　　　　　　　〔德〕恩斯特·海克尔
7. 天堂飞鸟——古尔德手绘鸟类图谱　　〔英〕约翰·古尔德
8. 鳞甲有灵——西方经典手绘爬行动物　　　　〔法〕杜梅里
　　　　　　　　　　　　　　　　　　　　〔奥地利〕费卿格
9. 手绘喜马拉雅植物　　　　　　　　　〔英〕约瑟夫·胡克
　　　　　　　　　　　　　　　　　　　　〔英〕沃尔特·菲奇
10. 飞鸟记　　　　　　　　　　　　　　〔瑞士〕欧仁·朗贝尔
11. 寻芳天堂鸟　　　　　　　　　　〔法〕弗朗索瓦·勒瓦扬
　　　　　　　　　　　　　　　　　　　　〔英〕约翰·古尔德
　　　　　　　　　　　　　　　　　〔英〕阿尔弗雷德·华莱士
12. 狼图绘：西方博物学家笔下的狼　　　　　　〔法〕布丰
　　　　　　　　　　　　　　　　　　　〔英〕约翰·奥杜邦
　　　　　　　　　　　　　　　　　　　〔英〕约翰·古尔德
13. 缤纷彩鸽——德国手绘经典　　〔德〕埃米尔·沙赫特察贝舍讷

博物画临摹与创作

1. 雷杜德手绘花卉图谱：临摹与涂色　　　〔比利时〕雷杜德
2. 玛蒂尔达手绘木本植物：临摹与涂色　　　〔英〕玛蒂尔达

3. 古尔德手绘喜马拉雅珍稀鸟类：临摹与涂色　〔英〕约翰·古尔德
4. 西方手绘珍稀驯化鸽：临摹与涂色　　　〔德〕里希特 等
5. 古尔德手绘巨嘴鸟高清大图：装裱册页与临摹范本
　　　　　　　　　　　　　　　　　　〔英〕约翰·古尔德
6. 古尔德手绘极乐鸟高清大图：装裱册页与临摹范本
　　　　　　　　　　　　　　　　　　〔英〕约翰·古尔德
7. 古尔德手绘鹦鹉高清大图：装裱册页与临摹范本
　　　　　　　　　　　　　　　　　　〔英〕约翰·古尔德
8. 艾略特手绘极乐鸟高清大图：装裱册页与临摹范本
　　　　　　　　　　　　　　　　　　〔美〕丹尼尔·艾略特
9. 梅里安手绘昆虫高清大图：装裱册页与临摹范本
　　　　　　　　　　　　　　　　　　〔德〕玛利亚·梅里安
10. 古尔德手绘雉科鸟类高清大图：装裱册页与临摹范本
　　　　　　　　　　　　　　　　　　〔英〕约翰·古尔德
11. 利尔手绘鹦鹉高清大图：装裱册页与临摹范本
　　　　　　　　　　　　　　　　　　〔英〕爱德华·利尔

生态与文明系列

1. 世界上最老最老的生命　　　　　　　〔美〕蕾切尔·萨斯曼
2. 日益寂静的大自然　　　　　　　　　〔德〕马歇尔·罗比森
3. 大地的窗口　　　　　　　　　　　　〔英〕珍·古道尔
4. 亚马逊河上的非凡之旅　　　　　　　〔美〕保罗·罗索利
5. 十万年后的地球：暖化的真相　　　　〔美〕寇特·史塔格
6. 生命探究的伟大史诗　　　　　　　　〔美〕罗布·邓恩
7. 食之养——果蔬的博物学　　　　　　〔美〕乔·罗宾逊
8. 种子与人类文明　　　　　　　　　　〔英〕彼得·汤普森
9. 看不见的大自然　　　　　　　　　　〔美〕大卫·蒙哥马利
　　　　　　　　　　　　　　　　　　〔美〕安妮·比克莱
10. 感官的魔力　　　　　　　　　　　　〔美〕大卫·阿布拉姆
11. 我们的身体想念野性的大自然　　　　〔美〕大卫·阿布拉姆

12.	人类的表亲	〔法〕让-雅克·彼得
		〔法〕弗朗索瓦·德博尔德
13.	东亚鸟类野外手册	〔英〕马克·巴西
14.	西布利观鸟指南	〔美〕戴维·艾伦·西布利
15.	"鸟人"应该知道的鸟问题	〔美〕劳拉·埃里克森
16.	风吹草木动	莫非
17.	北京野花	杨斧 杨菁

自然博物馆系列

1.	蘑菇博物馆	〔英〕彼得·罗伯茨
		〔英〕谢利·埃文斯
2.	贝壳博物馆	〔美〕M.G.哈拉塞维奇
		〔美〕法比奥·莫尔兹索恩
3.	蛙类博物馆	〔英〕蒂姆·哈利迪
4.	兰花博物馆	〔英〕马克·切斯
		〔荷〕马尔滕·克里斯滕许斯
		〔美〕汤姆·米伦达
5.	甲虫博物馆	〔加拿大〕帕特里斯·布沙尔

大美阅读

1.	彩绘唐诗画谱	（明）黄凤池
2.	彩绘宋词画谱	（明）汪氏
3.	世界上最美最美的图书馆	〔法〕纪尧姆·德·洛比耶
4.	建筑之美	汪国瑜
5.	装饰的语法	〔英〕欧文·琼斯

科普读物

1. 科学的旅程　　　　　　　　　〔美〕雷·斯潘根贝格
　　　　　　　　　　　　　　　〔美〕黛安娜·莫泽
2. 物理学之美　　　　　　　　　杨建邺

跟着名家读经典

1. 先秦文学名作欣赏　　　　　　吴小如 等
2. 两汉文学名作欣赏　　　　　　王运熙 等
3. 魏晋南北朝文学名作欣赏　　　施蛰存 等
4. 隋唐五代文学名作欣赏　　　　叶嘉莹 等
5. 宋元文学名作欣赏　　　　　　袁行霈 等
6. 明清文学名作欣赏　　　　　　梁归智 等
7. 中国现当代诗歌名作欣赏　　　谢冕 等
8. 中国现当代散文戏剧名作欣赏　余光中 等
9. 中国现当代小说名作欣赏　　　陈思和 等
10. 外国诗歌名作欣赏　　　　　　飞白 等
11. 外国散文戏剧名作欣赏　　　　方平 等
12. 外国小说名作欣赏　　　　　　萧乾 等